Das Labyrinth des Wissens – Sport und Rekorde

Waltraud Moegle ist am Niederrhein aufgewachsen. Sie studierte deutsche Literatur und Kunstgeschichte in Tübingen und arbeitete anschließend als Reiseleiterin, Journalistin und Lektorin. Seit 1998 schreibt sie Bücher zum Film, seit 2000 außerdem Kinderromane und -geschichten. Sie wohnt zusammen mit ihrem Mann und ihrem kleinen Sohn in Tübingen.

Waltraud Moegle

Das Labyrinth des Wissens –

Sport und Rekorde

Mit Illustrationen von Gerhard Schröder

CARLSEN

Danke an meine Lektorin Brigitte Kälble
für ein sehr kompetentes Lektorat.
Danke an meinen Mann Eric für viele anregende
Gespräche über die Welt des Sports.
Fürs Rückenfreihalten danke ich Daniela und Julia.

FSC
Mix
Produktgruppe aus vorbildlich
bewirtschafteten Wäldern und
anderen kontrollierten Herkünften

Zert.-Nr. SGS-COC-1940
www.fsc.org

Originalausgabe
Veröffentlicht im Carlsen Verlag
März 2010

Umschlagbild: Gerhard Schröder
Umschlaggestaltung: formlabor
Corporate Design Taschenbuch: Dörte Dosse
Gesetzt aus der Minion und Frutiger von Dörlemann Satz, Lemförde
Druck und Bindung: GGP Media GmbH, Pößneck
ISBN 978-3-551-35883-7
Printed in Germany

Du entscheidest, was du wissen willst!

Irgendwie hängt alles mit allem zusammen. Das ist natürlich auch beim Sport so. Und erst recht in diesem Buch. Denn wenn du etwas über die **Fußball-EM** gelesen hast, willst du natürlich auch etwas über die besten Kicker Europas wissen, zum Beispiel über **Lionel Messi**. Und wenn du erfahren hast, wie die Karriere von Lionel Messi begann, dann fragst du dich vermutlich, wie **Talentscouts** eigentlich arbeiten.

Hier siehst du schon, wie das »Labyrinth des Wissens« funktioniert. Dinge, die fett gedruckt sind, erklärt das Labyrinth dir unter einem eigenen Stichwort. Du brauchst nur im Alphabet nach dem richtigen Wort zu blättern. Dann wirst du die Antwort auf deine Fragen finden.

Unter jeder Erklärung stehen Dinge zum Staunen (!) und kleine Rätselfragen oder Wegweiser (☞). Die Wegweiser führen dich von hier nach da kreuz und quer durchs Buch. Jetzt wünsche ich dir viel Freude beim Blättern und Schmökern. Immer den Dingen auf der Spur, die du gerne wissen willst.

Wissen macht Spaß!

Waltraud Moegle

In diesem Buch findest du Begriffe aus folgenden Wissensgebieten:

Personen

Ballsport

Extremsport

Trendsport

Wintersport

Tanz und Akrobatik

Kampfsport und Kraftsport

Ausdauersport

Pferdesport

Leichtathletik

Sport auf Rädern

Gut zu wissen!

ABFAHRT – Geschwindigkeitsrausch auf Skiern

Die Abfahrt ist die Königsdisziplin des alpinen **Ski**sports und einer der fünf Wettbewerbe im **Alpinen Ski-Weltcup.**

Kraft, Ausdauer und Mut sind die Fähigkeiten, die ein Abfahrtsläufer mitbringen muss, wenn er mit Geschwindigkeiten bis zu 130 Stundenkilometern zu Tal rast. Auf der weltberühmten »Streif«, dem Hahnenkammrennen im österreichischen Kitzbühel, fahren die Skirennfahrer sogar bis zu 140 Stundenkilometer schnell. Bereits nach den ersten 6 Sekunden haben sie auf diesem Hang eine Geschwindigkeit von 100 Stundenkilometern erreicht.

Damit den Skirennfahrern bei diesem hohen Tempo nicht allzu viel passiert, sind die Abfahrtsstrecken mit Sicherheitsnetzen, Polsterungen und speziellen Sturzzonen ausgestattet. Anders als im **Slalom** gibt es nur einen Durchgang pro Rennen. Die Strecken sind so ausgewählt, dass sie extrem steile Abschnitte, vereiste Streckenteile und weite Sprünge aufweisen.

Schneefall ist für die Abfahrt übrigens gar nicht gut. Abfahrtsläufer brauchen harte Pisten, um gute Zeiten zu erzielen. Häufig werden die Strecken vorab mit Wasser härter und eisiger gemacht, damit sie schneller werden.

! Innerhalb von 2 Minuten bewältigen Skirennläufer einen Höhenunterschied von 800 bis 1100 Metern, bei den Damen sind es 500 bis 800 Meter.

! Bei den Rennen im Speedski, die im März stattfinden, erreichen die besten Skirennläufer Geschwindigkeiten von mehr als 240 Stundenkilometern.

☞ Was bedeutet eigentlich das Wort **Ski**?

☞ Welche Disziplinen gehören alle zum **Alpinen Ski-Weltcup**?

☞ Wie schnell sind **Slalom**fahrer?

ABSEITS – Der ewige Zankapfel

Die Abseitsregel macht den **Fußball** interessanter – noch interessanter! Denn sie führt dazu, dass der **Schiedsrichter** jede Menge zu tun hat und sich die Journalisten und die Zuschauer die Köpfe heißreden, ob ein Abseits richtig oder falsch gepfiffen wurde. Beim Abseits geht es um Sekunden. Oft kann die Frage erst mit Hilfe der Zeitlupe wirklich geklärt werden. Da ist viel Spielraum für Fehlentscheidungen.

Kurz gefasst steht ein Spieler dann im Abseits, wenn der Ball durch einen Mitspieler nach vorn gespielt wird und er selbst in der gegnerischen Hälfte näher an der Torlinie steht als der vorletzte Gegenspieler – Tor-

wart eingerechnet. Kein Abseits wird also gepfiffen, wenn vorletzter Gegenspieler und angespielter Spieler auf derselben Höhe stehen. Auch während eines Abstoßes, Einwurfes oder Eckstoßes wird keine Abseitsposition gepfiffen.

! Was ein Abseits ist, regelt der Weltfußballverband alle paar Jahre neu.

☞ Der Vorgänger des **Fußballs** war eine Mischung aus Massenschlägerei und Kicken.

☞ Mehr über **Schiedsrichterbestechung** und Wettbetrügereien erfährst du auf S. 123.

ACHTTAUSENDER – Bergsteiger im Höhenrausch

Der Mount Everest ist der höchste Berg der Welt. 8850 Meter hoch ragt der Gipfel in die Todeszone, eine Höhe, in der es viel zu wenig Sauerstoff zum Überleben gibt. Da wird jede Bewegung zur Qual.

Der Weg auf den höchsten Berg ist bergsteigerisch nicht besonders schwierig. Die Abgründe im Eislawinenfeld, das die **Bergsteiger** überwinden müssen, sind von den Sherpas, einheimischen Helfern, vorab mit Leitern und Seilsicherungen überbrückt worden. Auch der Rest der Route ist bis oben hin mit Seilen zum Festhalten versehen. Nur der Hillary-Step, ein paar Hundert Meter vor dem Gipfel, ist nicht leicht zu klettern. Danach geht es am Seil entlang gemächlich die letzten Schritte durch den Schnee geradeaus.

Trotzdem ist der Gipfelerfolg überaus anstrengend. Nach jedem Schritt keuchen die Bergsteiger wie nach einen Hundertmetersprint. Da helfen weder **EPO** noch zusätzlicher Sauerstoff aus Sauerstoffflaschen.

Es gibt nur zwei Wochen im Mai, in denen das Wetter gut genug ist, um bis zum Gipfel zu gelangen. In dieser Zeit ballen sich die zahlenden Bergsteigergruppen und ihre vielen einheimischen Helfer in Zeltlagern auf 6000 Meter Höhe. Und wenn es endlich losgehen kann, stehen alle in den Seilen Schlange. Manche schaffen es bis zum Gipfel, andere kommen nie wieder zurück.

! Bei den Sherpas heißt der Mount Everest »Sagamatha« – Göttin im Himmel.

! Den Abstiegsrekord vom Gipfel des Everests bis zum Lager auf dem Südsattel in nur 1 Stunde hält der Österreicher Peter Habeler, der 1978 die schwindelerregend steilen Schneehänge auf dem Hosenboden heruntergerutscht ist.

☞ Was steckt alles in einem **Bergsteiger**-Rucksack?

☞ Was ist eigentlich **EPO**?

MUHAMMAD ALI – Weltmeister aller Klassen

Einer der besten **Boxer** aller Zeiten ist der Schwergewichtler Muhammad Ali. Er begann als Junge mit dem Boxen, weil er den Dieb seines Fahrrads niederboxen wollte.

Ali schaffte, was in der heutigen Zeit fast unmöglich scheint: Jahrelang war er Boxweltmeister aller **Klassen**, bis ... ja, bis er sich weigerte, für Amerika nach Vietnam in den Krieg zu ziehen. Das Vaterland nahm ihm den Weltmeistertitel weg, verurteilte ihn zu 5 Jahren Gefängnis und verbot ihm 3 Jahre lang das Boxen. Zwar kaufte er sich aus dem Gefängnis frei, aber 3 Jahre Boxverbot sind eine lange Zeit im **Profi**boxen. Als Ali sich endlich wieder nach ganz oben zu den Titelkämpfen geboxt hatte, waren seine Gegner viel jünger und fitter als er. Trotzdem errang er erneut mehrere Weltmeistertitel. Doch sein Stern befand sich im Sinken.

Heute leidet der Boxweltmeister an der Parkinson-Krankheit, die einige Ärzte auf die vielen Kopfschläge zurückführen, die er bei seinen Kämpfen einstecken musste.

- Ein anderer großer Kampf Alis war sein Einsatz gegen die Benachteiligung der Farbigen in Amerika.
- 1999 wurde Ali vom Internationalen Olympischen Komitee zum »Sportler des Jahrhunderts« gewählt.
- Bevor Ali zum Islam übertrat, hieß er Cassius Clay.
- Was musst du beim **Boxen** beachten?
- Schwergewicht ist eine **Gewichtsklasse** im Kraftsport.
- Mehr über **Profisportler** erfährst du auf S. 116.

ALPINER SKI-WELTCUP – Der Kampf um die Kristallkugeln

Anders als die Ski-Weltmeisterschaft, die nur jedes zweite Jahr stattfindet, wird der Alpine Ski-Weltcup jedes Jahr ausgetragen. Für den Ski-Weltcup können die Skifahrer bei etwa 35 Rennen von Oktober bis März Punkte sammeln. Zu den Läufen gehören die fünf Disziplinen klassische **Abfahrt**, Slalom, Riesenslalom, **Super-G** und die »Kombination«, bei der eine Abfahrt und ein Slalom zusammen gewertet werden.
Wer die große Kristallkugel als Gesamtsieger in allen Disziplinen mit nach Haus nehmen darf, der gehört zur Weltelite der Skifahrer, wie die Deutsche Katja Seizinger, Weltcup-Siegerin von 1996 und 1998. Der Österreicher Hermann Maier, der von 1998 bis 2004 viermal den Gesamtweltcup errang, ist seit 2000 gleichzeitig der Inhaber des Punkteweltrekords.
Neben der großen Kristallkugel gibt es jedes Jahr noch fünf kleine Kristallkugeln, die die Punktsieger der fünf Einzeldisziplinen gewinnen.

☞ Welche Geschwindigkeiten erreichen die Rennfahrer bei der **Abfahrt**?

☞ Was ist eigentlich der **Super-G**?

AMATEUR – Spaß am Sport

Amateure treiben Sport nicht wegen des Geldes, sondern aus Spaß an der Sache. Das Wort »Liebhaber« steckt in dem französischen Wort »Amateur«.

Lange Zeit versuchten die Funktionäre, den Sport und das Geld zu trennen. So sollten an den Olympischen Spielen der Neuzeit eigentlich nur Amateure teilnehmen. Wer sich im Sport nur gegen Geld anstrengt, ist kein Ehrenmann, meinte Baron Coubertin, der die Spiele 1896 wieder ins Leben gerufen hatte.

Seit 1988 in Seoul sind Profis jedoch zugelassen. Die deutsche Tennisspielerin **Steffi Graf** gehörte zu den ersten Profisportlern, die diese Chance nutzten. Aber noch immer gibt es viele Amateure bei den Spielen. Sie müssen tief in die eigene Tasche greifen, um sich ihren Traum von Olympia zu ermöglichen. Zu den Amateuren zählen bei Olympia vor allem die **Leichtathleten**, aber auch die Synchronschwimmerinnen und die Gewichtheber.

Die **Helden von Bern,** die Deutschland 1954 zur Fußball-WM schossen, waren übrigens auch Amateure. Das Training kam erst nach der Arbeit in der Wäscherei, als Lehrling oder als Chauffeur. Im Fußball wurde die Amateurregel erst 1963 abgeschafft. Notgedrungen! Denn die besten deutschen Kicker wurden aus dem Ausland mit viel Geld abgeworben.

☞ Viele haben **Steffi Graf** ihre große Karriere nicht zugetraut.

☞ Dass **Leichtathletik** heute zum festen Programm des Sportunterrichts gehört, haben wir den Briten zu verdanken.

☞ Wer waren die **Helden von Bern**?

AMERICAN FOOTBALL – Hart auf hart

Wenn dir elf vermummte Muskelpakete auf den Fersen sind, die versuchen dich mit allen Mitteln von den Beinen zu holen, könnte es sein, dass du dich in einem Albtraum befindest – oder in einem American-Football-Spiel.

Beim American Football wird der Ball wie beim **Rugby** mit Händen und Füßen gespielt. Einen Angriffsversuch nennt man im Football einen *Down*. Schafft eine Mannschaft es nicht, den Ball in vier *Downs* um zehn Yards nach vorn zu bringen, wechselt der Angriff. Dann stürmen die elf muskelbepackten Verteidiger auf die Ersatzbank und elf ebenso furchterregende Angriffsspieler kommen auf den Platz, um sich ihrerseits in die Endzone des Gegners vorzukämpfen. Aufgabe der elf Verteidiger ist es, den ballführenden Spieler umzuwerfen und so den Angriffsversuch zu stoppen.

Punkte gibt es für die Mannschaft, die sich mit dem Ball bis in die Endzone vorgekämpft oder einen Torschuss geschafft hat.

Beim American Football warten bis zu 45 Spieler auf der Ersatzbank auf ihren Einsatz. Denn die Mannschaft auf dem Rasen wird, wie auch im **Handball**, der Spielsituation entsprechend neu zusammengestellt.

American Football wird auch als »Rasenschach« bezeichnet. Die Regeln sind höchst kompliziert und der Coach denkt sich für jeden Spielzug eine neue Taktik aus.

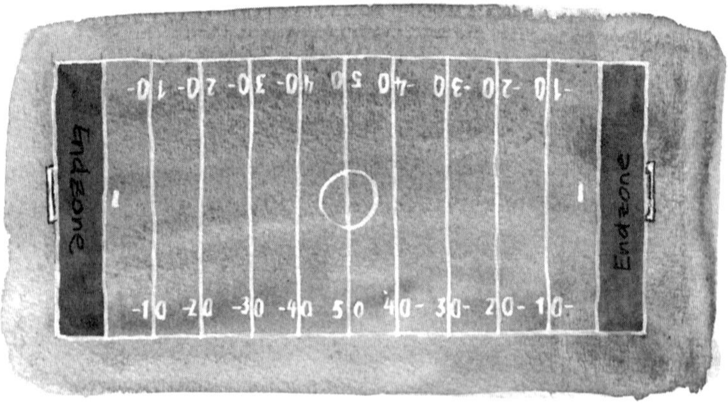

- Das Spielfeld im American Football ist in 12 Zonen zu je 10 Yards eingeteilt. 10 Yards sind 9,10 Meter.
- Der ehemalige Fußballnationalspieler Manni Burgsmüller hat noch mit 52 Jahren als Kicker für die Profifootballer von Düsseldorf Rhine Fire Tore geschossen.
- ☞ American Football hat sich im 19. Jahrhundert aus dem **Rugby** entwickelt.
- ☞ Wieso gilt die deutsche **Handball**bundesliga als beste Liga der Welt?

DIE ANGST DES TORWARTS BEIM ELFMETER – Ein Irrtum

Die Angst des Torwarts beim Elfmeter ist von dem österreichischen Schriftsteller Peter Handke zu einem Buchtitel gemacht worden und so sprichwörtlich geworden. Aber natürlich hat der Tormann vorm Elfmeter kein bisschen Angst. Der Torschütze ist es, der vor einem Elfmeter zittert. Denn im Gegensatz zum Strafstoß im **Eishockey** glaubt doch alle

Welt, dass man einen Elfmeter verwandeln *muss*. Blamieren kann sich also nur der Schütze. Der Torwart hingegen kann ganz ruhig an die Sache rangehen. Denn wenn er den Elfer reinlässt, wird das jeder verstehen. Und wenn er ihn hält, ist er der Star des Spiels.

☞ Wie heißt eigentlich der Strafstoß im **Eishockey**?

LANCE ARMSTRONG – Der Überflieger

Ein **Tour-de-France-**Sieger, der bei jeder Etappe ausgepfiffen wird, das hat es in der langen Geschichte der Tour wohl selten gegeben. Die Sympathien der Zuschauer flogen aber dem ewigen Zweiten, **Jan Ullrich**, zu. Dabei sorgt Lance Armstrongs Geschichte eigentlich für Mitgefühl.
1996 wurde bei Armstrong ein aggressiver Hodenkrebs festgestellt. Er musste anderthalb Jahre pausieren. Als er schließlich nach Operation und Chemotherapie in den Radsport zurückkehrte, fuhr er besser als je zuvor. Das schwerste Radrennen der Welt, die Tour de France, gewann er seit 1999 siebenmal in Folge, was vor ihm noch keinem gelungen ist.
Nur einmal, bei der Tour de France 1999, konnte Armstrong **Doping** – unter anderem mit EPO – nachgewiesen werden. Doch EPO-Tests waren damals noch nicht anerkannt und für die restlichen Dopingmittel konnte Armstrong eine medizinische Ausnahmegenehmigung vorweisen. Im Übrigen verfolgt er jeden, der ihn mit Doping in Verbindung bringt, gerichtlich, und sei es seine eigene Ex-Ehefrau.
2006 trat Armstrong vom Profisport zurück. Doch 3 Jahre später war er plötzlich wieder da. Mit fast 38 Jahren, einem Alter, in dem die Karriere für die meisten Radprofis längst beendet ist. Und wer weiß? Vielleicht gelingt dem Rad-Giganten ja ein weiterer Rekord? Den Altersrekord hält bisher nämlich der Belgier Firmin Lambot. Der Toursieg des damals

36-jährigen Lambot geht weit in die Radlergeschichte zurück, bis in das Jahr 1922.

☞ Wie viel Kilometer fahren die Radprofis bei der **Tour de France**?
☞ Fünfmal triumphierte Armstrong bei der Tour über seinen Rivalen **Jan Ullrich**.
☞ Hat **Doping** neben der Leistungssteigerung eigentlich auch Nachteile?

AUSDAUERSPORT – Langer Atem

Beim Ausdauersport ist es wichtig, die Leistung über einen langen Zeitraum hoch zu halten, anders als im **Kraftsport,** bei dem es darauf ankommt, für kurze Zeit sehr viel Kraft zu entwickeln.
Zu den Ausdauersportarten gehören zum Beispiel Inlineskating, Joggen, Schwimmen, **Rudern**, Radfahren, Walking, **Langstreckenschwimmen,** Triathlon, Skilanglauf und Eisschnelllauf. Auch der **City-Marathon** zählt dazu.
Ausdauersport ist, soweit er nicht wettkampfmäßig betrieben wird, gut für Herz und Kreislauf. Man wird fit, und auch wer abnehmen will, ist mit Ausdauersport gut beraten.
Bei Wettkämpfen machen die Deutschen in Ausdauersportarten gute Plätze.

☞ Mehr über **Kraftsport** steht auf S. 92.
☞ Wieso lernen **Ruderer** als Erstes die Seemannssprache?
☞ Eine erfolgreiche **Langstreckenschwimmerin** ist die beinamputierte Natalie du Toit aus Südafrika.
☞ Bei den berühmten **City-Marathons** starten Zigtausende.

AUßENSEITER – Liebling der Massen

Was machen vier Soldaten aus der Karibik im Eiskanal einer **Bobbahn**? Und was will ein Nichtschwimmer bei einem olympischen Schwimmwettkampf?

Es war bei der **Winterolympiade** 1988 in Calgary, als Jamaika zum Bobrennen antrat. Die Kollegen aus den Bob-Nationen Schweiz, Deutschland und Österreich kicherten bloß über die vier Chaoten aus den Tropen, die Schnee und Eis nur vom Hörensagen kannten.

Der Nichtschwimmer, der 2000 bei der Olympiade in Sydney an den Start ging, ist Eric Moussambani aus Äquatorialguinea. Er wäre beim Wettkampf über 100-Meter-**Freistil** nach seinen eigenen Worten fast ertrunken. Kein Wunder – hatte er doch erst acht Monate zuvor Schwimmen gelernt!

Und doch war es Moussambani, dessen Rennen tagelang über die Bildschirme der Welt flimmerte und der von Talkshow zu Talkshow weitergereicht wurde. Und es war die Bobmannschaft aus Jamaika, deren Geschichte die Disney-Filmstudios zum Kultfilm »Cool Runnings« angeregt hat. So mancher **Goldmedaillen**gewinner dagegen ist längst vergessen. Manchmal ist es eben ein Glück, Außenseiter zu sein.

- Eric Moussambani wurde vom Olympischen Komitee unter einem formellen Vorwand zur nächsten Olympiade nicht zugelassen. Das Video seines Schwimmwettkampfes ist bis heute im Internet zu sehen.
- Der jamaikanische Viererbob fuhr seit 1988 bei allen Winterolympiaden mit, bis den Sportlern das Geld für die Flüge nach Europa ausging.
- Vor dem Bau der Kunst-Bobbahnen verwandelten die Bobfahrer Holzwege mit Wasser in eisglatte **Bobbahnen**.

☞ Welche Sportarten gibt es bei der **Winterolympiade**?
☞ Was ist eigentlich **Freistil**?
☞ Wie viel Gold steckt wohl in einer **Goldmedaille**?

AUTORENNSPORT – Schnelle Wagen

Ein Rennfahrer sollte einen perfekten Fahrstil und schnelle Reaktionsgeschwindigkeit haben. Außerdem muss er körperlich fit sein. Denn vor allem in den Kurven wirken hohe Fliehkräfte auf seinen Körper. Während des Rennens liegt der Puls eines Fahrers bei 160 Schlägen pro Minute (normal sind 50 bis 100 Schläge).

Viel kommt beim Rennen natürlich aufs Auto an. Ein schneller Wagen zeichnet sich dadurch aus, dass er einen starken Motor hat, bei dem der Drehzahlbereich optimal ist, und durch eine leichte Karosserie. Außerdem ist entscheidend, ob weiche oder harte Reifen aufgezogen sind und

ob das Wetter mitspielt. Darüber hinaus die Menge der Tankstopps und natürlich die Startposition. Die Poleposition ist der beste Startplatz in der ersten Reihe.

Einsteiger beginnen mit dem **Kartfahren.** Die besten Fahrer dürfen sich in den höheren Fahrzeugklassen beweisen. Da gibt es die Tourenwagenrennen mit aufgetunten Straßenfahrzeugen, den Rallyerennsport abseits der Straßen, die Formel 3, für die auch **Michael Schumacher** zeitweise fuhr, und schließlich die höchste Fahrzeugklasse, die **Formel 1**.

☞ Schon 4-Jährige trainieren das **Kartfahren.**

☞ **Michael Schumacher** war unter den Rennfahrern nicht unumstritten.

☞ Bis zur **Formel 1** schaffen es nur die wenigsten.

BADMINTON – Arbeitsfrei, Spaß dabei …

Benannt ist das Spiel nach Badminton, dem Landsitz des englischen Herzogs von Beaufort. In seiner großen Halle trafen sich in den 1870ern die feinen Leute der Gesellschaft, um sich mit Schläger und Federball die viele arbeitsfreie Zeit zu vertreiben. Es war das Spiel der britischen Kolonialoffiziere, die es, wie auch das **Tischtennis,** aus Indien mitgebracht hatten.

Der Herzog von Beaufort entwickelte die Regeln des indischen Spiels weiter, nahm das Netz, das aufgeteilte Spielfeld und das Satzspiel hinzu. Schon 1899 fanden die ersten »All England Championships« statt, die bis heute so bedeutend sind wie im **Tennis** das Turnier von Wimbledon.

Der Aufschlag wird im Badminton diagonal gespielt, abwechselnd von der rechten und der linken Spielfeldhälfte aus. Gewonnen ist die Partie, wenn zwei Sätze zu 21 Punkten gewonnen sind. Jedoch muss der Führende 2 Punkte Vorsprung vor seinem Gegner haben. Ist das nicht der Fall, wird weitergespielt, bis einer der Spieler mit zwei Punkten vorne liegt. Höchstens aber bis 30 : 29.

! Weil es im 19. Jahrhundert nicht genügend hohe Hallen gab, spielte man Badminton oft in Kirchen.

☞ **Tischtennis** ist das Spiel der Chinesen.

☞ Mehr über **Tennis** liest du auf S. 145.

BALL – Leder oder Kunststoff?

Mit Lederfußbällen, wie sie schon unsere Großeltern kannten, kicken viele am liebsten. Sie werden meist aus fünf- oder sechseckigen Lederflicken mit der Hand genäht. Innen befindet sich eine Gummiblase.
Bei Bundesligaspielen benutzt solche Bälle heute jedoch niemand mehr. Denn Lederbälle saugen sich bei Regen mit Wasser voll und werden sehr schwer. Statt aus Leder besteht die Außenhaut heute aus mehreren Kunststoffschichten. Die Nahtstellen sind verschwunden, stattdessen werden die Teilstücke verklebt. So kann kaum Wasser ins Innere eindringen. Zwischen Außenhülle und Gummiblase liegt eine Schaumschicht aus Mikrozellen. Sie soll dafür sorgen, dass der Ball auch nach vielen harten Tritten wieder die ideale Kugelform annimmt.
Auch im **Basketball** kommen schon lange Kunststoffbälle zum Einsatz. Volleybälle und Bälle fürs **Beachvolleyball** dagegen sind nach wie vor oft aus Leder.
Über viele Jahrhunderte waren die Bälle übrigens alles andere als rund. Denn in der Lederhülle steckte eine aufgepumpte Schweinsblase, die sich nur mühsam in die runde Form pressen lässt.

Die Eiform des Balles im Rugby und im Football rührt daher, dass man es aufgab, die Schweinsblase rund zu pressen.

Wie groß sind eigentlich Profi**basketballer**?

Beim **Beachvolleyball** sind geheime Handzeichen spielentscheidend.

BALLETT – Spitzentanz und mehr

»Blut ist im Schuh.« So geht es nicht nur Aschenputtel, sondern häufig auch den Spitzentänzerinnen und -tänzern, wenn sie nach dem Training die Ballettschuhe ausziehen. Ballett ist zwar nicht nur Spitzentanz, doch das Training baut für den **Spitzenschuh** auf. Es schult Rücken-, Fuß- und Beinmuskeln, damit die Tänzer irgendwann kräftig genug sind und genügend Spannung haben, um das Körpergewicht auf den Zehen zu tragen. Jahrelang trainieren die Mädchen und Jungen dazu an der Stange: Plié, Tendu, Relevé – das sind Übungen mit gebeugten Knien, mit gestreckten Beinen und auf Zehenspitzen erhoben. Die Füße sind dabei sehr weit nach außen gedreht. Außerdem üben die Tänzer Schritte und Sprünge. Zum Balletttraining gehören neben den Übungen an der Stange weitere Kraftübungen und Dehnungsübungen.

Ballettkarrieren werden meistens von den Eltern geplant. Denn wer beruflich als Tänzer arbeiten will, sollte möglichst schon mit 4 Jahren mit dem Ballett anfangen.
Ballettunterricht wird in den Leistungsklassen anderer Sportarten häufig hinzugezogen, um die Akrobatik und Spannung der Sportler zu verbessern, zum Beispiel beim **Voltigieren** und im **Eiskunstlauf**.

! Weil es so wenig männliche Balletttänzer gibt, sind Jungen sehr gefragt und dürfen schon früh Aufführungen tanzen.

! Die Zentren des Balletts waren im 16. Jahrhundert der französische Königshof und im 19. Jahrhundert der Hof des russischen Zaren.

☞ **Spitzenschuhe** bekommen Balletttänzerinnen frühestens mit 10 Jahren.

☞ Körperspannung ist beim **Voltigieren** extrem wichtig.

☞ Auch **Eiskunstläuferinnen** fangen schon sehr früh mit dem Sport an.

BASKETBALL – Dunks und Rebounds

Basketball ist der Sport der langen Leute. Viele Spieler der weltbesten Basketballliga, der amerikanischen NBA (National Basketball Association), sind über 2 Meter groß. Die Klasse eines Spielers bemisst sich unter anderem in den *Assists*, das sind die Pässe, die einem erfolgreichen Korbwurf vorausgehen. Besonders die großen Spieler können mit den *Dunks* punkten, bei denen sie den Ball von oben in den Korb hinein»tauchen«. Genauso spektakulär wie die *Dunks* sind die Dreipunktewürfe, bei denen der Ball aus einer Entfernung von mindestens 6,25 Metern direkt im Korb landet. Neben dem Körbewerfen ist es wichtig, die *Rebounds* zu fangen, das sind die Bälle, die nach einem Korbversuch vom Brett wieder ins Spielfeld zurückprallen. Denn diese Bälle entscheiden über den nächsten Spielzug, ob ein neuer Korbversuch unternommen wird oder ob die Gegner den Gegenangriff starten. Dann bauen sich beide Mannschaften in Sekundenschnelle unter dem anderen Korb auf. Weil ein Gegenangriff mit einem blitzschnellen Seitenwechsel verbunden ist, gehört Basketball, so wie **Eishockey,** zu den schnellsten und dadurch kraftzehrendsten Mannschaftssportarten.

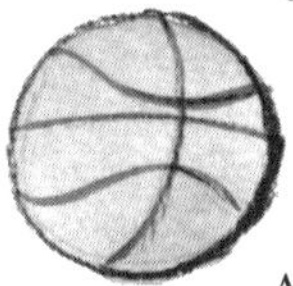

Als bester Spieler der Welt gilt zurzeit Kobe Bryant von den Los Angeles Lakers. Bester deutscher Basketballer aller Zeiten ist der 2,18 Meter große **Dirk Nowitzki**.

! 25 Fouls begeht jedes Team im Durchschnitt bei einem Basketballspiel.

☞ Mehr über **Eishockey** erfährst du auf S. 46.

☞ **Dirk Nowitzki** wäre beinahe Tennisstar geworden.

BEACHVOLLEYBALL – Strandsport im Trend

Beachvolleyball hat es vom **Trendsport** zur **olympischen Sportart** geschafft. Vorreiter in Deutschland waren die ehemaligen Volleyballspieler Jörg Ahmann und Axel Hager, die in den 1990ern mehrfach deutscher Meister waren und auch international auf den vorderen Rängen mitspielten.

Entstanden ist Beachvolleyball in den 1920er-Jahren an Amerikas Stränden. Bei diesem Sport treten zwei Teams mit je zwei Spielern barfuß und in Badekleidung oder auch in T-Shirt und Kappe gegeneinander an. Wie beim Volleyball prellen sich die Spieler den Ball über ein Netz zu. Mit

Fingerzeichen hinter dem Rücken geben sie sich heimliche Signale für die nächsten Spielzüge.

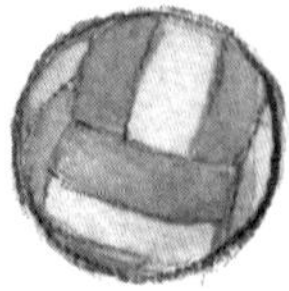

Die Sportler trainieren viel im Kraftraum, denn das Laufen und Springen im Sand ist sehr anstrengend.
Die deutschen Meisterschaften im Beachvolleyball finden seit 1993 jedes Jahr in Timmendorfer Strand an der Ostsee statt.

! Anders als es der Name sagt, wird Beachvolleyball längst nicht immer nur am Strand gespielt. Manchmal werden sogar auf städtischen Marktplätzen für ein paar Turniertage Hunderte Tonnen Sand für Beachvolleyballplätze aufgeschüttet.

☞ Was macht eine Sportart zum **Trendsport**?

☞ Wer entscheidet eigentlich über die **olympischen Sportarten**?

BOB BEAMON – Der Jahrhundertsprung

Als der farbige Amerikaner Bob Beamon 1968 in Mexico City 8,90 Meter weit sprang, schaffte es der beste seiner Konkurrenten gerade mal auf 8,19 Meter. Der aktuelle **Weltrekord** lag bei 8,35 Meter. Beamon hatte an diesem Tag die Messlatte 55 Zentimeter weiter nach hinten verschoben. Das bedeutete olympisches Gold für ihn und einen neuen **Weitsprung**weltrekord, an dem sich die Weitspringer 23 Jahre lang die Zähne ausbeißen sollten. Beamons Weltrekord von 1968 hat erst 1991 der US-Amerikaner Mike Powell gebrochen, der eine Weite von 8,95 Metern sprang.
Wieso aber war Beamon dieser Wahnsinnssprung gelungen? Lag es an der neuen Tartanbahn, die in der Olympiastadt anstelle der damals üblichen Aschenbahnen verlegt war? Lag es an der dünnen Höhenluft in Mexico City, die beim Anlauf weniger Luftwiderstand bot? Oder am Rü-

ckenwind, der bei Beamons Sprung in der höchsten zulässigen Geschwindigkeit von 2 Metern pro Sekunde blies? Oder lag es daran, dass Beamon den Absprungbalken perfekt getroffen hatte?
Erklärungen gab es viele. Tatsache ist: Die Konkurrenten sprangen unter genau denselben Bedingungen wie Beamon – und landeten 70 Zentimeter früher im Sand.

☞ Mehr über unerreichbare **Weltrekorde** erfährst du auf S. 161.
☞ Welche Weiten werden heute im **Weitsprung** von den besten Springern erreicht?

BORIS BECKER – Jüngster Wimbledon-Sieger aller Zeiten

In den 1980ern spielte Deutschland Fußball, nicht **Tennis**. Und bei den großen Turnieren hatten die deutschen Spieler wenig zu melden. Bis zu jenem Nachmittag im Juli 1985. Ein 17-jähriger Rotschopf aus dem badischen Leimen stand im Endspiel des berühmten **Grand-Slam**-Turniers von Wimbledon. Sein Name: Boris Becker. Er schlug ein Ass nach dem anderen und brachte damit seinen Gegner zur Verzweiflung. Und dann passierte das Undenkbare: Der junge Mann aus Deutschland gewann.
Boris Beckers Wimbledon-Sieg krempelte die Tenniswelt in Deutschland um. Die Tennisvereine wurden überrannt. Die Fernsehübertragungen, die vorher kaum mehr Zuschauer als die Schach-WM hatten, lockten Millionen vor den Bildschirm.
Boris Becker gewann mit seinem Kampfwillen, seiner Hechtrolle und seinem Ungestüm die Herzen der Zuschauer. Und er spielte sich in der Weltrangliste ganz nach oben. Nach seinem sensationellen ersten Sieg gewann er in Wimbledon noch zwei weitere Grand-Slam-Turniere.
1999 trat er vom **Profi**tennis zurück.

- Boris Becker ist der jüngste Wimbledon-Sieger aller Zeiten.
- Ein Ass ist ein Aufschlag, der für den Gegner unerreichbar ist.
- Wie entstand **Tennis**?
- Was genau ist der **Grand Slam**?
- Von wem bekommt ein **Profisportler** eigentlich das Geld?

BERGSTEIGEN – Alpin gegen technisch

Bergwandern, **Klettern,** Eisklettern, technisches Bergsteigen und Skitouren – alles, was dich höher auf den Berg bringt, zählt zum Bergsteigen.

Während sich die alpinen Sportkletterer damit begnügen, eine schwierige Wand oder einen überstehenden Abhang zu durchklettern, wollen die technischen Bergsteiger auf den Gipfel. Sie haben dazu alle erdenklichen Hilfsmittel bei sich. In ihrem großen Rucksack stecken neben dem Seil Schrauben, Felshaken und Felshammer, mit denen sie sich Tritte und Sicherungen im unwegsamen Fels verschaffen. Außerdem nehmen sie oft Eispickel und Steigeisen für Schnee und Eis mit auf den Berg, manchmal sogar Strickleitern und bei langen Begehungen ein Zelt, um in der Wand, zwischen Himmel und Erde, zu biwakieren. Zum Beispiel, wenn sie auf einen der 14 **Achttausender** dieser Erde wollen.

Das Sportklettern entstand im 19. Jahrhundert in Sachsen. In Deutschland geriet es jedoch in Vergessenheit. Erst in den 1970ern kehrte es aus der USA nach Deutschland zurück und ist heute Trend.

- Beim Bergsteigen lauern Gefahren wie Lawinen, Wetterumschwung, Gletscherspalten und Steinschlag.
- »Biwakieren« nennt man bei den Bergsteigern und beim Militär das Zelten und das Übernachten unter freiem Himmel.

☞ Felswände, die Bergsteigern lange als undurchsteigbar galten, werden heute von **Kletterern** durchstiegen.

☞ Welches ist der höchste **Achttausender** auf der Welt?

BESENWAGEN – Die Schmach

Der Besenwagen sammelt bei der **Tour de France** die Radfahrer ein, die zu weit hinter die anderen Fahrer zurückfallen.

Die Zuschauer zerfließen vor Mitleid, wenn ein ausgepumpter Radler mit müdem Gesicht vom Sattel steigt, um im Besenwagen Platz zu nehmen. Das Schlimmste, was einem Sportler passieren kann, denkst du vielleicht. Jedoch: Wenn du schon tagelang steile Pässe hoch- und runtergeradelt bist, wenn deine Leistungsgrenze längst überschritten ist, jeder Muskel schmerzt und dein Hintern Blasen wirft, dann ist eine Fahrt im Besenwagen mit einer frischen Flasche Wasser sicher nicht das Schlechteste, was dir passieren kann. Außerdem sind es meist Helfer (die Nummern 10, 11 und 12 des Teams), die in den Besenwagen umsteigen. Die Favoriten dagegen müssen bis zum bitteren Ende durchhalten.

Besenwagen gibt es bei Radrennen, beim **City-Marathon** und bei der berühmten Rallye Dakar, einem **Autorennen** quer durch die Wüste Afrikas.

! Der Besenwagen ist ein Hochzeitsbrauch aus Westfrankreich: Am Ende des Hochzeitsumzuges fuhr ein Wagen mit Besen.

☞ Bei der **Tour de France** wurde schon immer gelogen und betrogen.

☞ Wo findet der wichtigste **City-Marathon** von Deutschland statt?

☞ Mehr über **Autorennsport** erfährst du auf S. 18.

BLUTDOPING – Leistung aus der Blutkonserve

Zu den gängigsten **Doping**methoden gehört seit einiger Zeit das Blutdoping. Es spielt vor allem im **Ausdauersport** eine wichtige Rolle. Der Verdacht auf Blutdoping hat die Karriere des Radfahrers **Jan Ullrich** und vieler anderer Radgrößen beendet.

Dabei ist Blutdoping nicht leicht nachzuweisen. Zurzeit gehen diejenigen, die beim Dopen behilflich sind, so vor, dass sie dem Sportler lange vor dem Wettkampf Blut abnehmen. Ideal ist das zum Beispiel, wenn der Sportler im Höhentraining war: Sein Blut hat dann sehr viele rote Blutkörperchen gebildet, so dass es viel Sauerstoff aufnehmen kann. Eine andere Möglichkeit besteht darin, das entnommene Blut mit **EPO** zu versetzen oder es zu bestrahlen. Bekommt der Sportler zwischen den Wettkampftagen sein vorbereitetes Blut zurück, kann er viel erholter und wie frisch aus dem Höhenlager in den nächsten Wettkampftag starten.

Die allerneueste Form des Blutdopings ist wahrscheinlich das Fremdblutdoping. Dazu werden vermutlich Verwandte des Sportlers als Spender eingesetzt, die dieselbe Blutgruppe haben.

☞ Mehr über **Doping** erfährst du auf S. 41.

☞ Welche Sportarten gehören zum **Ausdauersport**?

☞ Wofür bekam **Jan Ullrich** die Fair-Play-Plakette des Sports verliehen?

☞ Was ist eigentlich **EPO**?

BMX-SPORT – Bicycle Motocross

Das BMX-Rad ist ein robustes Fahrrad, das kleiner ist als die üblichen Straßenräder und das dicke Reifen hat. Denn diese Räder müssen auch Sprünge und Stürze aushalten, die bei einem BMX-Rennen nichts Un-

gewöhnliches sind. Acht Fahrer, sogenannte *Racer*, starten beim BMX-Rennen auf einem Gelände mit Hindernissen wie Geländewellen, Steilkurven und Sprunghügeln, von denen die Fahrer mehrere Meter weit springen. Vorbild für die BMX-Rennen sind die Motocross-Rennen auf dem Motorrad.
Neben den Rennen gibt es **Freestyle-**Wettbewerbe, bei denen die Fahrer zum Teil halsbrecherische *Tricks* zeigen. Einige der *Tricks* erinnern sehr an das, was **Skateboarder** mit ihren Brettern ausprobieren. Zu den schwierigsten Sprüngen im BMX-Sport zählt sicher der *Three-Sixty*, bei dem sich der Fahrer mit dem hinteren Teil des Rades einmal komplett (360 Grad) um das Vorderrad dreht. Aber auch um auf dem Vorderrad zu balancieren, müssen die *Racer* lange üben.
Zum Üben brauchen die Racer keinen Verein. Meist treffen sie sich auf öffentlichen Plätzen, um sich gegenseitig mit ihren *Tricks* zu beeindrucken und von den anderen Neues zu lernen.
Seit 2008 ist das BMX-Rennen **olympische Sportart.**

! Das Kürzel BMX steht für Bicycle Motocross und heißt übersetzt: Fahrrad-Geländerennen.

☞ Was ist **Freestyle**?

☞ Mehr übers **Skateboardfahren** liest du auf S. 130.

☞ Wusstest du, dass Sackhüpfen einmal **olympische Sportart** war?

BOB – Die Startphase entscheidet

Haben ihn jetzt die Schweizer erfunden oder die Engländer? Fest steht, dass der erste Bob, der in den Schweizer Alpen zu Tal raste, ein Jux für gelangweilte Winterurlauber war. Man montierte zwei Schlitten aneinander. Unter den Schlitten befestigte man bewegliche Kufen, die mit

Hilfe von Seilzügen gelenkt werden konnten, nach derselben Methode wie ein Jahrhundert später die **Gleitschirme**.
Bobpiloten müssen ein sehr gutes Reaktionsvermögen haben. Denn ein Bob erreicht Geschwindigkeiten von 100 bis 140 Stundenkilometern. Schon eine kleine falsche Lenkbewegung kann da zu einem Überschlag führen. Entscheidend für eine gute Platzierung ist nicht zuletzt die Startphase. Als Anschieber werden deswegen gern **Hundertmeterläufer** genommen, damit der Bob mit einer guten Startgeschwindigkeit ins Rennen geht.
Die deutschen Männer und die deutschen Frauen sind bei Bobrennen ganz vorne mit dabei. Der Thüringer André Lange gewann im Zweier- und im Viererbob bereits dreimal olympisches Gold. Bei den Weltmeisterschaften errang er seit 2000 insgesamt acht Goldmedaillen. Sandra Kiriasis, deutsche Meisterin im Zweierbob, ist Olympiasiegerin, Europameisterin und mehrfache Weltmeisterin.

☞ Die ersten Übungsstunden im **Gleitschirmfliegen** ähneln mehr dem Bergsteigen als dem Fliegen.

☞ Wie viel Sekunden beträgt der Rekord im **Hundertmeterlauf** bei Männern und Frauen?

BOBBAHN – Hauptsache schnell

Die ersten Bobs rasten, ebenso wie die **Skeletons,** über vereiste Holzwege in den Schweizer Alpen zu Tal. Das war vor über 100 Jahren. Doch die Sache wurden immer ausgefeilter. Die Holzwege wurden mit Hilfe von Schnee und Wasser zu Eisrinnen präpariert. Seit den 1970er-Jahren entstanden Bobbahnen aus Beton mit einer künstlichen Eisrinne, wie die großen Bahnen in Winterberg und im sächsischen Altenberg. Ein

Kühlsystem sorgt hier für die dicke Eisschicht. Die meisten Bobwettkämpfe und das **Rennrodeln** finden auf solchen Bobbahnen statt. Parallel dazu gibt es Bobrennen auf Natureisbahnen, wie in St. Moritz in der Schweiz.

☞ Was ist **Skeleton**?

☞ Seit 2004 rast der **Rennrodler** Georg Hackl bei der von Stefan Raab erfundenen Wok-Weltmeisterschaft durch die vereisten Bobbahnen auf Platz eins.

TIMO BOLL – Tischtennissuperstar

Boll, dessen Gesicht in Deutschland kaum jemand auf der Straße erkennt, wird in China wie ein Star gefeiert. Dort reißen ihm die zurückhaltenden Chinesinnen die Kleider vom Leib. 2007 wählten sie ihn sogar vor David Beckham zum attraktivsten Sportler der Welt.
Die Chinesen waren lange die unangefochten besten **Tischtennis**spieler der Welt – bis Timo Boll auftauchte. Spätestens seit Boll 2002 gleich zwei chinesische Spitzenspieler, den Olympiasieger und den Weltmeister, besiegte und Platz eins der Weltrangliste einnahm, schrillten in China die Alarmglocken. 2005 und 2006 holten die Chinesen Boll in ihre Spitzenliga, die mit der NBA im **Basketball** zu vergleichen wäre. Seine Spiele haben die Chinesen auf Video aufgezeichnet und als Lehrfilm tausendfach in Zeitlupe abgespult. Sie wollten hinter das Geheimnis von Bolls Erfolgen kommen.
Heute spielt Boll für Borussia Dortmund. Er ist mit den deutschen Tischtennisherren Mannschaftsvizeweltmeister – hinter China –, Olympiazweiter – hinter China – und steht in der Weltrangliste momentan auf Platz 4 – umzingelt von Chinesen.

Timo Boll ist Linkshänder.

Mehr über **Tischtennis** liest du auf S. 147.

Wie groß sind Weltklassespieler im **Basketball**?

USAIN BOLT – Rekorde purzeln

Die Fachwelt kam aus dem Staunen nicht mehr heraus. Wir schreiben das Jahr 2008, Olympische Spiele in Peking. Der 21-jährige Jamaikaner Usain Bolt stellt im Sprint und in der Staffel insgesamt drei neue Weltrekorde auf und lässt die Konkurrenz um Längen hinter sich.
Dabei schien Bolt seine Kraft nicht mal auszuschöpfen. Zunächst unterbot er im **Hundertmeterlauf** mit 9,69 Sekunden seinen eigenen Weltrekord um drei Hundertstel. Dies, obwohl er im letzten Bahnabschnitt bereits das Tempo herausnahm und trotz einem offenen Schnürsenkel. Vier Tage später holte Bolt über 200 Meter Goldmedaille Nummer 2 und knackte den 12 Jahre alten **Weltrekord** von Michael Johnson – bei Gegenwind! Damit ist Bolt nach Carl Lewis der einzige Läufer, der beide Sprints bei Olympia gewonnen hat. Wiederum zwei Tage später errang er mit der jamaikanischen Staffel den dritten Weltrekord innerhalb von 14 Tagen und schob sich im olympischen **Medaillenspiegel** ganz weit nach vorn.
Viele Fachleute zweifeln Bolts Leistungen offen an. Bolts Vater dagegen führt die Erfolge seines Sohnes auf die Kraft der **Yamswurzel** zurück.

Bei der Leichtathletik-WM 2009 in Berlin verbesserte Bolt seine Weltrekorde über 100 und 200 Meter erneut und gewann damit jeweils Gold.

Der Internationale Leichtathletikverband wählte Usain Bolt zum Welt-Leichtathleten des Jahres 2008.

- Der **Hundertmeterlauf** gilt als die Königsdisziplin der Leichtathletik.
- Wieso sind manche **Weltrekorde** kaum zu knacken?
- Welche deutschen Sportler liegen im olympischen **Medaillenspiegel** vorn?
- Wo gibt es die **Yamswurzel** zu kaufen?

BOXEN – Wenn die Fäuste fliegen

Beim Schlag setzt der Boxer nicht nur auf die Kraft seiner Arme. Ein Schlag wird erst dadurch gefährlich hart, dass der Boxer ihn mit einem Ausfallschritt in Richtung des Gegners kombiniert. So addieren sich die Kräfte des Schrittes und des Schlages. Boxer setzen außerdem auf Bodenkontakt und gute Deckung. Denn ein Boxer, der sich mit beiden Bei-

nen in der Luft befindet, kann leicht niedergeschlagen werden – eine Regel, die Boxweltmeister **Muhammad Ali** außer Kraft setzte.

Amateurboxer boxen mit Schutzkleidung. Das große Publikum aber will die **Profis** sehen, die ohne Schutz und bis zum K.-o.-Sieg boxen. Mehrere Millionen verdient der Weltmeister eines **Boxverbandes**, der seinen Titel verteidigt. Die Zuschauerkarten für so einen Kampf kosten bis zu 900 Euro. Da ist der Zorn des Publikums verständlich, wenn ein Boxer schon nach wenigen Minuten zu Boden geht und die Show zu Ende ist.

Seit den 1980ern gibt es Wettkämpfe im Frauenboxen. Bekannte Boxerinnen sind Regina Halmich und Ina Menzer.

! Beim altgriechischen Pankration ging der Kampf nicht nur bis zum K. o., sondern manchmal bis zum Tod.

☞ Statt auf Bodenhaftung setzte Boxweltmeister **Muhammad Ali** auf Schmetterlingstanz und psychologische Kriegsführung.

☞ Über **Profisportler** erfährst du mehr auf S. 116.

☞ Welches sind die wichtigsten **Boxverbände**?

BOXVERBÄNDE – Weltmeister mal 4

Wer ist jetzt eigentlich Boxweltmeister? Die Frage ist nicht leicht zu beantworten. Denn es gibt weltweit 20 Boxverbände, von denen jeder seinen eigenen Weltmeister auslobt, und das in siebzehn **Gewichtsklassen.** Das meiste Aufsehen erregen jedoch die Kämpfe im Schwergewicht.

Die vier wichtigsten Boxverbände sind die WBA (World Boxing Association) und das WBC (World Boxing Council), beide mit Sitz in Übersee (Nord- und Südamerika). Sie haben die längere Tradition. Gleichzeitiger Weltmeister beider Boxverbände war Schwergewichtler **Muhammad Ali.** Wichtig sind außerdem die IBF (International Boxing

Federation) und die WBO (World Boxing Organization), die in den 1980er-Jahren gegründet wurden. Titelträger dieser beiden jüngeren Verbände ist zurzeit Schwergewicht Wladimir **Klitschko**.
Der europäische Boxsport wird in Übersee nicht so ganz ernst genommen. Die Europäer gelten als gute »Techniker«, das heißt im Klartext, sie warten ab, legen viel Wert auf Deckung und sind mit einem Sieg nach Punkten zufrieden. Das nord- und südamerikanische Publikum dagegen will K.-o.-Siege sehen.

! Wenn Weltmeister unterschiedlicher Boxverbände gegeneinander antreten, nennt man das einen »Vereinigungskampf«.

☞ Welche **Gewichtsklassen** gibt es eigentlich?

☞ Die Karriere des Boxweltmeisters **Muhammad Ali** verlief alles andere als glatt.

☞ Die **Klitschko-Brüder** sind das erste Brüderpaar, das Weltmeister in verschiedenen Verbänden ist.

BREAKDANCE – Tanze deinen Zorn!

Den *Indian Step*, den Indianerschritt, kriegen wohl noch die meisten hin, die sich am Breakdance versuchen. Bei der *Windmill*, der schnellen Drehung auf dem Rücken mit gegrätschten Beinen, sieht das schon anders aus. Die meisten **Tanz**elemente aus dem Breakdance brauchen viel Kraft und sehr viel Übung. Und das hat seinen Grund. Ursprünglich ist der Breakdance nämlich eine Kraftprobe farbiger Jugendbanden aus New York. Statt sich gegenseitig mit der Pumpgun umzulegen, beschlossen einige Gangs in den 1970ern, ihre Bandenkriege tänzerisch auszutragen. Mit akrobatischen Tanzbewegungen zu Musik aus dem Gettoblaster drückten die Jugendlichen jetzt ihren Zorn aus und maßen ihre

Kraft. Einige Bewegungen stammen aus dem **Kung-Fu** und aus dem brasilianischen Kampftanz Capoeira.
In den 1980er-Jahren schwappte der Breakdance nach Europa herüber. Wer in der Fußgängerzone einmal einem Breakdancer zugesehen hat, kommt aus dem Staunen nicht heraus. Da sind akrobatische Schwierigkeiten zu sehen, die **Geräteturnern** alle Ehre machen würden. Wie schaffen es die Breakdancer zum Beispiel, sich im Kopfstand spindelschnell um sich selbst zu drehen? Und wie funktioniert ein Luftspagat im Handstand?

! Mittlerweile werden auch Kurse im Breakdance angeboten.
☞ **Tanzen** umfasst viele Stile, vom Ballett bis zum Pogo.
☞ Ist **Kung-Fu** eher ein Kampf- oder ein Lebensstil?
☞ Wie viel Disziplinen gibt es im **Geräteturnen** der Männer?

BUNDESJUGENDSPIELE – Alle Jahre wieder

45 Sekunden bewegt sich ein Schüler am Tag der Bundesjugendspiele. Der Rest des Tages besteht aus Warten: auf den Sprint, auf drei Weitwürfe, auf drei **Weitsprünge** … Jungs lassen sich das schon eher gefallen. Aber Mädchen klinken sich mehr und mehr aus. Seit einigen Jahren versuchen die **Funktionäre** daher, die Bundesjugendspiele zu verbessern. Mehr Bewegung solle ins Spiel kommen, weniger Einzelkämpfertum und mehr Miteinander, heißt es. Leider hat alles Überlegen bisher noch nicht zu wirklichen Verbesserungen geführt.
Die Idee zu den Bundesjugendspielen geht zurück auf Carl Diem, geboren Ende des 19. Jahrhunderts, groß geworden in der Kaiserzeit. Und tatsächlich erinnern die Bundesjugendspiele irgendwie an Urgroßvaters Ringelturnanzug und an soldatisches Training. Diem machte sich als

Sportfunktionär einen Namen. Unter Hitler war er an der Organisation der Olympischen Spiele 1936 in Berlin beteiligt. Er hielt Sport für »freiwilliges Soldatentum« und forderte die Hitlerjugend noch neun Wochen vor der vollständigen Besetzung Deutschlands auf, sich zum »finalen Opfergang für den Führer« zur Verfügung zu stellen, im Klartext: sich von den Alliierten erschießen zu lassen. – Ein zweifelhafter Förderer der Sportjugend.

! Carl Diem erfand für Olympia 1936 den olympischen Fackellauf.

☞ Welche Weiten erreicht ein guter **Weitspringer**?

☞ Was ist eigentlich ein **Funktionär**?

CHAMPIONS LEAGUE – Die Besten unter sich

Vereine, die bei der Champions League mitspielen, verdienen 14 bis 20 Millionen Euro pro Saison, eine wichtige Einnahmequelle für Spielerkäufe. Daher rührt das entschiedene Interesse der großen Vereine, sich für die Champions League zu qualifizieren.

Mittlerweile hat sie sich neben der Bundesliga zu einer Art Europaliga entwickelt, bei der die besten Fußballvereine Europas gegeneinander antreten. Mitspielen dürfen der Titelverteidiger vom Vorjahr, die Meister der 12 besten europäischen Ligen, die Zweitplatzierten der besten sechs Ligen und die Tabellendritten der drei besten Spielklassen. Weitere zehn Plätze werden ausgespielt.

Der Wettbewerb beginnt im September mit den Gruppenspielen. Nach dem Jahreswechsel folgen die Spiele im K.-o.-System. Die Drittplatzierten aus den Gruppenspielen kommen in den Wettbewerb um den **UEFA-Pokal**.

Bei der Champions League mischen bestimmte Mannschaften fast immer mit: Das sind der FC Barcelona und Real Madrid aus Spanien, der AC Mailand aus Italien, der FC Arsenal und Liverpool aus England und der FC Bayern München mit Stars wie **Bastian Schweinsteiger** und **Philipp Lahm**. Rekordsieger ist die Mannschaft von Real Madrid, die den Pokal neunmal mit nach Haus nehmen durfte. Der FC Bayern war viermal Champions-League-Sieger.

! Die Champions League wurde 1993/94 als Nachfolgewettbewerb für den Europapokal der Landesmeister ins Leben gerufen.
! 110 Millionen Euro hat Champions-League-Sieger Barcelona 2009 beim Endspiel eingestrichen.
☞ Wieso heißt der **UEFA-Pokal** »Pokal der Verlierer«?
☞ Mehr über **Bastian Schweinsteiger** liest du auf S. 126.
☞ **Philipp Lahm** ist froh, Münchner zu sein.

CITY-MARATHON – Berlin, New York

Angesichts der Mengen, die sich beim New-York-City-**Marathon** in den Straßen der Großstadt drängen, glaubt man kaum, wie klein einmal alles angefangen hat. 1970 gingen im Central Park 130 Teilnehmer an den Start. Heute strömen die Läufer zu Zigtausenden herbei. 2008 wälzten sich 38000 Läufer durch die Straßen von New York. Dazu kamen 12000 Helfer an der Strecke.

Beim Berlin-Marathon, einem der schnellsten und größten Marathon-Läufe der Welt, starteten im September 2008 sogar über 40000 Läufer. Hier stellte der **Langstreckenläufer** Haile Gebrselassie mit 2:03:59 Stunden seinen eigenen Weltrekord ein.

Gepusht wird das Interesse am Marathon durch märchenhafte Preisgelder. So versprach der Scheich von Dubai 2009 demjenigen 1 Million US-Dollar, der beim Dubai-Marathon den Weltrekord einstellen würde, und lockte so den Weltrekordhalter Gebrselassie in den Wüstenstaat. Doch 2009 gelang dem Äthiopier dieser neue Rekord nicht und der Scheich konnte seine Million behalten.

! 1997 fanden 70 Marathonläufe in Deutschland statt, 10 Jahre später waren es bereits 170.

☞ Wie ist eigentlich der **Marathon**-Lauf entstanden?

☞ Haben **Langstreckenläufer** eine bestimmte Taktik?

CROSSGOLF – Großstadtsport

Zum Crossgolf brauchst du nicht viel: ein paar Freunde, die mitspielen, zwei Schläger und eine Menge Bälle. Denn die gehen schnell verloren. Und schon könnt ihr mit dem Golfen loslegen: quer durch alte Hafenanlagen, durch verwaiste Freibäder, durch Hinterhöfe von Abrissgebäuden oder verschneite Parks. Eben spontan durchs freie oder bebaute Gelände, ganz wie beim **Parkour.** Die Crossgolf-Regeln sind dieselben wie im **Golf.** Putten, das heißt den Ball versenken, kann man in einer aufgestellten Konservendose oder in einem Eisloch – ganz wie's gefällt.

Es gibt immer mehr, vor allem jüngere Sportfans, die sich in aller Frühe zum Crossgolf verabreden. Je früher, umso besser. Dann sind weniger Neugierige unterwegs, um die man einen Bogen schlagen muss. Auch wenn die Bälle im Crossgolf weicher sind als im gewöhnlichen Golf, kann ein Treffer doch recht schmerzhaft sein.

! Eine Crossgolf-Ausrüstung für den Einstieg kostet zwischen 50 und 100 Euro.

☞ **Parkour** ist die Sportart der französischen Jugendgangs.

☞ Für **Golf** brauchst du schon etwas mehr als für Crossgolf: einen Mitgliedsausweis für den Golfklub, rasenschonende Golfschuhe, 12 weitere Schläger und einen Grundkurs in Golfetikette.

TOM DALEY – Olympia mit 14

Der **Turmspringer** Tom Daley war mit 14 Jahren der jüngste Olympiateilnehmer von **Peking** 2008. Die Briten waren aus dem Häuschen vor Begeisterung über den 1,60 Meter großen Springer. Die Journalisten rechneten ihm eine Chance auf eine Medaille aus. Schließlich war er bereits amtierender Europameister. Doch die Hoffnungen zerplatzten. Im Einzelspringen schaffte er nur Platz sieben, im Synchronspringen den achten und letzten Platz. Sein Springpartner war sauer. Der Presserummel sei für Daleys schlechten Sprung verantwortlich, schimpfte er.
Bei Olympia 2012 in London wird das junge Springwunder wieder antreten. Dann wird Daley achtzehn sein und Britannien wird wieder auf Gold hoffen.

! 75 Mal am Tag springt Daley zum Training vom Turm.

! In Deutschland musst du mindestens 14 sein, wenn du vom Zehnmeterturm springen willst.

! Bei der Schwimm-WM 2009 in Rom gewann Daley das Zehnmeterturmspringen und ist damit bisher jüngster Weltmeister.

☞ Als **Turmspringen** bezeichnet man die Sprünge vom Zehnmeterturm, der eine starre Sprungplattform hat, als Kunstspringen die Sprünge von federnden Brettern und aus niedrigeren Höhen.

☞ In **Peking** gab es gleich eine ganze Reihe von Rekorden.

DOPING – Medizinische Spitzenleistungen

Die Jagd nach Rekorden findet seit Jahrzehnten auch in Laboren statt. Hier wird getestet, welche Mittelchen einen Sportler noch schneller, kräftiger oder ausdauernder machen. Anabolika lassen zum Beispiel die **Muskeln** wachsen. **EPO** sorgt für mehr Sauerstoff im Blut, so dass Ausdauersportler länger hohe Leistungen erbringen können, wie Radsportler oder **Langstreckenschwimmer**. Insulin dient dazu, dass sich ein Sportler nach der Anstrengung ganz schnell wieder erholt.
Dabei sind Dopingmittel natürlich verboten. Sie verfälschen den Wettbewerb. Viel schlimmer aber ist: Sie schaden der Gesundheit des Sportlers. Der Herztod gehört zum Beispiel zu den Nebenwirkungen von Dopingmitteln.
Leider nutzen die Verbote nicht viel. Denn die Dopingsünder werden oft nicht entdeckt. Sobald ein Dopingmittel nämlich nachweisbar ist, steigen die Sportler auf andere Mittel um. So sind die Dopingsünder den Kontrolleuren immer einen Schritt voraus.
Der neueste Trend weist in Richtung **Gen**doping, bei dem vermutlich mit Hilfe von Viren oder mit Tabletten Erbinformationen verändert werden.

! 2003 begannen Ermittlungen gegen das BALCO-Unternehmen, das sich schnell als eines der größten amerikanischen Dopinginstitute erwies. In der Folge wurden viele Sportler als Dopingsünder enttarnt.

☞ Braucht wirklich jeder Sportler dicke **Muskeln**?

☞ Wie wirkt eigentlich **EPO**?

☞ Warum ist die **Langstreckenschwimmerin** Natalie du Toit die berühmteste Sportlerin Südafrikas?

☞ Entscheiden die **Gene** darüber, ob du ein guter Sportler wirst?

DRACHENFLIEGEN – Uralter Menschheitstraum

Was ist es denn nun, das da Himmel schwebt? Ein **Gleitschirm** oder ein Drachen? Von unten gesehen ist der Unterschied schließlich gar nicht so groß.

Jedoch sitzt der Gleitschirmflieger im Traggurt und lenkt den Schirm mit Seilen. Der Drachenflieger dagegen liegt bäuchlings im Traggurt

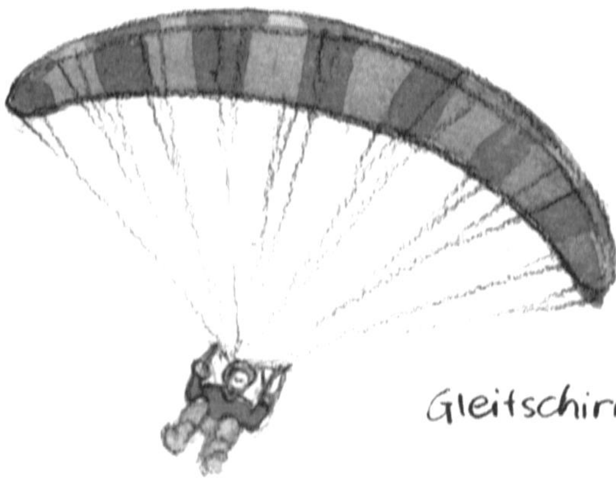

und lenkt mit Hilfe eines dreieckigen Steuerbügels durch Gewichtsverlagerung.
Der Gleitschirm ähnelt einem Fallschirm. Die ausgespannten Flügel des Flugdrachens hingegen erinnern eher an die ersten Flugmaschinen von Otto Lilienthal. Nur dass wegen des verbesserten Materials weitere Flüge möglich sind. Statt aus Baumwollstoff und Weidenholz, wie zu Zeiten Lilienthals, besteht der Drachen heute aus Polyestertuch und Kohlefaser, genau wie die **Sicherheitszellen** von Rennwagen.
Drachenflieger legen übrigens doppelt so weite Strecken zurück wie Gleitschirmflieger.

☞ Beide, Drachenflieger und **Gleitschirmflieger**, nutzen das Prinzip des Aufwindes.
☞ Was ist eine **Sicherheitszelle**?

DRESSURREITEN – Pferdeballett

Beim Dressurreiten bringt der Reiter das Pferd dazu, seltsame Dinge zu tun: Es dreht sich um sich selbst, trabt auf der Stelle und geht mit gekreuzten Beinen seitwärts – Dinge, die es von allein nie machen würde.
Und doch zwingt ein Dressurreiter sein Pferd nicht, gegen die eigene Pferdenatur zu handeln. Er baut vielmehr auf den natürlichen Bewegungen des Tieres auf und entwickelt sie weiter. Denn die Dressur ist eigentlich eine Muskelübung für das Pferd. Sie erleichtert es ihm, den Reiter zu tragen und zu verstehen, was der Reiter von ihm will. Zum Beispiel lernt das Pferd, den Reiter auf dem durchgedrückten Rücken zu tragen statt im Hohlkreuz, so dass es ihm nicht wehtut. Außerdem lernt es, was der Reiter meint, wenn er mit dem Schenkel drückt oder den Zü-

gel nachgibt. Diese Signale an das Pferd nennt man »Hilfen«. Wenn Reiter und Pferd sich sehr gut verstehen, kann er es vielleicht irgendwann dazu bringen, eine Kapriole zu springen, den schwersten Sprung der Hohen Schule, wie er zum Beispiel in der **Spanischen Hofreitschule** in Wien vorgeführt wird.
Die Dressur ist die Vorbedingung fürs **Springreiten**.
Beim Wettkampf im Dressurreiten wird neben der Schwierigkeit der Figuren nicht zuletzt bewertet, wie gut sich Pferd und Reiter verstehen.

! Die Dressurreiterin Isabell Werth gehört mit 5 olympischen Goldmedaillen und 2 Silbermedaillen zu den erfolgreichsten deutschen Olympiateilnehmern aller Zeiten.

☞ Was ist die **Spanische Hofreitschule**?

☞ Fürs **Springreiten** eigenen sich große, wendige Pferde, die willensstark sind, besonders gut.

EINRAD – Ganz schön akrobatisch

Das Balancieren auf dem Einrad ist tatsächlich nicht leicht. Angstfrei und entspannt sollte man sein, raten die Könner. Und lieber schnell als langsam fahren. Dabei ist es schon ein Kunststück für sich, auf den Sattel zu kommen und darauf sitzen zu bleiben.
Das Aufsteigen und das erste Fahren übst du am besten, indem du dich irgendwo festhältst: an einem Geländer oder einer Mauer zum Beispiel. Noch besser sind zwei Freunde, deren Hände du halten kannst und die im richtigen Tempo neben dem Einrad herlaufen. Auf den ersten Metern ohne Hilfe rudert der Anfänger mit den Armen wie ein Ertrinkender. Aber keine Angst, so geht es allen. Und beim Treten schlingert der Einsteiger hin und her. Auch das geht vorbei.

Stürze gehören natürlich dazu. Am häufigsten fallen Einradfahrer auf die Hände, die Knie und die Ellbogen. Handgelenkschoner, Knie- und Ellbogenschoner sind deswegen angesagt.
Fortgeschrittene Einradfahrer erkennst du daran, dass sie mit dem Einrad auf der Stelle stehen können. Und dann beginnt natürlich das Training für Tricks wie Jonglieren oder Hüpfen.
Einrad fahren kannst du auch als Mannschaftssport, beim Einrad-**Basketball**, Einrad-**Hockey** und Einrad-**Handball**.

! Anfänger brauchen ein bis zwei Wochen, bis sie die ersten kurzen Strecken auf dem Einrad freihändig fahren können.

☞ Wie heißt die beste **Basketball**liga der Welt?

☞ Die Regeln im **Hockey** sind denen im Fußball sehr ähnlich.

☞ Mehr über **Handball** erfährst du auf S. 75.

EISENSTANGENSKANDAL – Eiskalter Knochenbrecher

Tonya Harding war ein Springwunder auf dem Eis. Sie stand sogar den dreifachen Axel, einen besonders schwierigen Sprung – als erste Amerikanerin! Doch eine andere Amerikanerin stach sie immer häufiger bei Wettbewerben aus: die zierliche Nancy Kerrigan. Und zwar mit der B-Note, dem **künstlerischen Ausdruck**.
Aber Tonya wusste sich zu helfen. Sie setzte einen Attentäter auf die Rivalin an. Als Nancy beim Training vom Eis kam, zerschlug ein Unbekannter ihr mit einer Eisenstange das rechte Knie. So konnte Tonya ohne ihre Rivalin bei den US-Meisterschaften antreten und gewann. Doch schon einen Monat später stand Nancy bei der Winterolympiade wieder auf dem Eis und holte Silber. Eine weitere Schmach für Tonya, die mit dem achten Platz bedacht wurde.

Das Ende vom Lied: Das Eisenstangenattentat klärte sich sehr bald auf. Tonya wurde zu 5 Jahren Haft auf Bewährung verurteilt und darf nie wieder bei **Amateur**-Wettkämpfen antreten.

☞ Kann man den **künstlerischen Ausdruck** eigentlich lernen?
☞ Wieso wollten die Veranstalter von Olympia früher nur **Amateure** bei den Spielen zulassen?

EISHOCKEY – Von Bodychecks und Penaltys

Eishockeyspieler rasen mit bis zu 60 Stundenkilometern übers Eis. Damit zählt Eishockey zu den schnellsten Sportarten überhaupt. Außerdem zählt es zu den rauesten. Zu ihrem Schutz sind die Spieler deswegen rundum ausgepolstert, wie im **American Football**. Denn Körpereinsatz ist erlaubt. Beim »Bodycheck« darfst du den Gegner mit dem Körper wegrempeln und von den Füßen holen, nur nicht von hinten! Als Foul gilt auch, dem Gegenspieler mit dem Schläger die Füße wegzuhakeln oder ihm den Stock zwischen die Zähne zu schlagen. Passieren tut's trotzdem. Fouls sind häufig und werden mit 2 bis 10 Minuten Strafbank geahndet. Ein Strafstoß, ein sogenannter Penalty, wird dann gegeben, wenn ein Spieler direkt vor einem Torschuss gefoult wird. Beim Penalty darf ein Spieler vom Mittelpunkt aus allein auf den Torwart zufahren und einen Torschuss versuchen. Die Erfolgsaussichten sind allerdings sehr viel geringer als beim Elfmeter im **Fußball**.

Gegenüber der Strafbank liegen die Spielerbänke der beiden Mannschaften. Dort warten 14 Spieler von jeder Mannschaft darauf, gegen einen ihrer sechs Teamkollegen auf dem Eis eingewechselt zu werden. Gewechselt

wird, wie im **Handball,** im fliegenden Wechsel. Das heißt, die Spieler werden ohne Spielunterbrechung ausgetauscht.

- ! Der Puck kann bis zu 200 Stundenkilometer erreichen.
- ! Früher konntest du einen Eishockeyprofi daran erkennen, dass ihm die Zähne fehlten. Neue Zähne leisteten sich die meisten erst nach Karriereende.
- ☞ Eishockey, Basketball und **American Football** sind die beliebtesten Sportarten in Kanada und den USA.
- ☞ Mehr über **Fußball** steht auf S. 59.
- ☞ In welchen Städten gibt es gute **Handball**mannschaften?

EISKUNSTLAUF – Tanzakrobatik auf Kufen

Eiskunstläufer, die es bis nach ganz oben schaffen wollen, fangen sehr früh mit dem Sport an, am besten mit weit unter 6 Jahren. Letztlich entscheiden also die Mütter, die sogenannten **Eislaufmuttis,** ob ein Kind später ein erfolgreicher Eiskunstläufer wird. Anfängerkurse gibt es schon für Kinder ab 3 Jahren.

Zur Ausbildung gehören das genaue Abfahren von Kreisen und Achten auf dem Eis, außerdem das Training im Kraftraum und im besten Fall **Ballett**. Denn neben einer enormen Sprungkraft kommt es im Eiskunstlauf auch auf sehr gute Beweglichkeit und Körperspannung an.

Das Rückwärtsfahren ist das A und O im Eiskunstlauf. Denn rückwärts nehmen die Eiskunstläufer Schwung für die Sprünge. Ein Sprung, der sogenannte Axel, wird vorwärts angefahren und gilt gerade deswegen als besonders schwierig. Von höchster Schwierigkeit sind außerdem Sprungfolgen, bei denen der Eiskunstläufer zwei oder noch mehr Sprünge hintereinander ausführt, ohne dazwischen viel Schwung holen zu können.

Im Laufe der Jahrzehnte sind die Sprünge immer anspruchsvoller geworden. Die Männer springen die Figuren mittlerweile mit bis zu vierfacher Drehung, die Frauen mit dreifacher Drehung – eine Kraftleistung, die in den 1980ern noch völlig undenkbar war.

Wenn die Sprünge und akrobatischen Elemente perfekt sitzen, ist der Wettkampf aber noch lange nicht gewonnen. Denn neben der A-Note, bei der die perfekte Ausführung der Figuren bewertet wird, gibt es die B-Note für den **künstlerischen Ausdruck**. Der Zorn einer Eisprinzessin über die ständigen schlechten B-Noten führte in den 1980ern zum sagenumwobenen **Eisenstangenskandal.**

Die erfolgreichste deutsche Eiskunstläuferin ist die zweifache Goldmedaillengewinnerin und vierfache Weltmeisterin Katarina Witt.

! Im Paarlauf hält ein deutsches Team den Welt- und den Europameistertitel: die gebürtige Ukrainerin Aljona Savchenko und der Chemnitzer Robin Szolkowy.

☞ Was ist eigentlich eine **Eislaufmutti**?

☞ **Ballett**tänzerinnen tanzen sich oft die Füße blutig.

☞ Was ist eigentlich **»künstlerischer Ausdruck«**?

☞ Was passierte beim **Eisenstangenskandal**?

EISLAUFMUTTI – Mit Ehrgeiz zum Erfolg

Das Wort »Eislaufmutti« ist zum Inbegriff für überehrgeizige Mütter geworden, die ihren Nachwuchs zum Sport antreiben. Ihnen ist keine Anstrengung ihrer Kinder zu groß, um mit dem Sieg nach Haus zu fahren. Eislaufmuttis verpassen kein Training. Sie opfern sich am Wochenende für Fahrdienste auf. Und sie können dem Trainer eine Menge wertvoller Tipps geben, wie sich die Leistung ihres Kindes noch verbessern lässt.
Eislaufmuttis gibt es in sehr vielen Sportarten, vom **Geräteturnen** übers **Reiten** bis zum **Tennis** oder **Gewichtheben**.
Im Fußball treten sie oft in Gestalt des Fußballvatis auf, der vom Spielfeldrand aus den Sprössling dirigiert und Befehle ins Spielgetümmel brüllt. Schließlich weiß der Fußballvati vom Fernsehen, wie das Kicken funktioniert.
Keine Rolle spielen Eislaufmuttis und -vatis übrigens im **Extremsport.**

☞ Welche Disziplinen gehören zum **Geräteturnen**?

☞ Eigentlich taugen Pferde gar nicht zum **Reiten**.

☞ **Tennis** entstand, weil die Mönche sich in ihren Klöstern langweilten.

☞ Mehr übers **Gewichtheben** erfährst du auf S. 66.

☞ Wodurch zeichnet sich eigentlich **Extremsport** aus?

EPO – Nachgeholfen

EPO wird in den Nieren produziert. Es regt die Bildung roter Blutzellen an. Je mehr rote Blutkörperchen du aber hast, desto mehr Sauerstoff kann dein Körper aufnehmen. Das wiederum führt dazu, dass du länger eine hohe Leistung erbringen kannst. Normalerweise stellt dein Körper mehr EPO zur Verfügung, wenn du dich in großen Höhen aufhältst, wie zum Beispiel beim Langstreckenläufer **Haile Gebrselassie**, der im äthiopischen Hochland wohnt. Auch beim Besteigen der **Achttausender**-Gipfel bildet der Körper mehr EPO.

EPO kann man mittlerweile künstlich herstellen. Es wird als Dopingmittel eingesetzt und ist sehr schlecht nachweisbar. Deswegen ist EPO im Leistungssport weit verbreitet, vor allem im **Ausdauersport**. Für die **Etappenrennen** im Radsport schätzen Experten sogar, dass 50 bis 90 Prozent der Fahrer mit EPO gedopt sind.

Wie alle Dopingmittel birgt EPO auch Gefahren. Das Blut kann nämlich so dickflüssig werden, dass das Herz es nicht mehr durch die Adern zu pumpen vermag. Der Sportler kann sterben.

☞ **Haile Gebrselassie** lief auf allen Langstrecken Weltrekorde.

☞ Auf den **Achttausendern** kann der Körper den Sauerstoffmangel nicht mehr ausgleichen.

☞ Was unterscheidet **Ausdauersport** vom Kraftsport?

☞ Bei **Etappenrennen** fahren Radfahrer wochenlang an der Leistungsgrenze.

ETAPPENRENNEN – Alle für einen

Bei Etappenrennen treten die Radler als Mannschaft an. Die Aufgaben sind klar verteilt. Von vornherein steht fest, welcher Fahrer als Kapitän fährt, wie jahrelang **Jan Ullrich** oder **Lance Armstrong**. Die anderen Fahrer müssen sich dem Kapitän als Helfer unterordnen. Heutzutage hat jeder Fahrer einen kleinen Knopf im Ohr, über den der »sportliche Leiter«, eine Mischung aus Trainer und **Manager**, die aktuelle Taktik durchgibt. Er ist genauestens über das Fahrerfeld informiert und bestimmt, ob Tempo gemacht wird und ob ein Ausreißversuch sinnvoll ist.

Die Helfer dürfen nicht für ihren eigenen Sieg fahren, sondern nur für den ihres Kapitäns. Sie fahren kraftsparend, um ihn an schwierigen Stellen unterstützen zu können, zum Beispiel, um ihm an einem Berg oder einer waghalsigen Abfahrt vorauszufahren. Sie nehmen den Kapitän in ihren Windschatten, damit er sich für den Endspurt schonen kann. Sie dienen ihm als Wasserträger und lassen sich innerhalb des Fahrerfeldes zurückfallen, um Getränke und Proviant vom Mannschaftswagen zu holen und sie nach vorn zu den Mannschaftskollegen zu bringen.

Die berühmtesten Etappenrennen sind der Giro d'Italia, der im Mai stattfindet, die **Tour de France** im Juli und die Vuelta a España im September.

! Das bedeutendste Etappenrennen Deutschlands ist die Bayern Rundfahrt im Mai.

☞ **Jan Ullrich** wurde 2006 wegen Hinweisen auf Doping von seinem Rennstall entlassen.

☞ Wie oft gewann der amerikanische Radprofi **Lance Armstrong** die Tour de France?

☞ Welche Funktion hat eigentlich ein **Manager**?

☞ Die **Tour de France** ist das berühmteste Radrennen der Welt.

EXTREMSPORT – Zum Teufel mit dem Risiko!

Sportarten, die besonders gefährlich sind, nennt man Extremsport oder Risikosport. Dazu zählen **Achttausender**-Besteigungen, **Klippenspringen**, **Parkour** oder **Gleitschirmfliegen.**

Meist empfinden diejenigen, die einen Extremsport ausüben, ihren Sport selbst nicht als riskant. Sie betonen, dass die Gefahr für sie gar nicht so groß sei, wenn sie in ihrer Disziplin antreten. Schließlich gingen sie an die sportliche Aufgabe trainiert und bestens vorbereitet heran.

Auffällig ist, dass sich viele Extremsportler, selbst wenn sie dem Tod nur knapp entronnen sind, immer wieder der Gefahr aussetzen, als wären sie süchtig nach dem Kick.

☞ Zu den tödlichen Gefahren auf einem **Achttausender** gehört Sauerstoffmangel.

☞ Mehr übers **Klippenspringen** erfährst du auf S. 90.

☞ **Parkour** ist bei den Jugendlichen der Pariser Vorstädte Kult.

☞ Wie funktioniert **Gleitschirmfliegen**?

FEDERBALL – Schönwettersport

Zum Federballspiel brauchst du nicht viel: einen Federball, zwei Schläger, und schon kann's losgehen. Spielen kannst du, wie beim **Frisbee** oder **Crossgolf**, überall: im Garten, auf dem Fußweg oder am Strand. Anders als beim **Badminton** kommt es beim Federball darauf an, den Ball über möglichst viele Schläge in der Luft zu behalten. Der Rekord liegt bei 2117 Schlägen, aufgestellt von zwei herzoglichen Damen in Somerset im Jahr 1830.

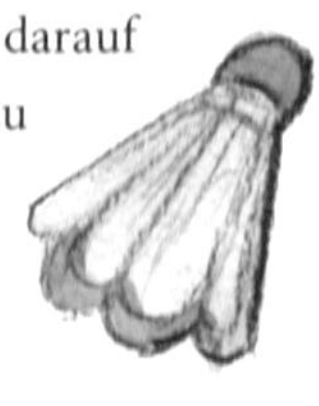

Aber natürlich ist das Spiel viel älter. Auf die Idee, ein Holzstück mit Federn zu spicken, um ihm bessere Flugeigenschaften zu verleihen, kamen die Inder schon vor 2000 Jahren. Zur Zeit des Barocks, also im 17. Jahrhundert, war das Spiel im europäischen Adel sehr beliebt. Auch hier spielte man mit Holzschlägern.
Leichtere, mit Pergament bespannte Schläger brachten die britischen Kolonialherren nach Europa, die das Spiel in Indien unter dem Namen Poona kennengelernt hatten.

☞ Was du alles mit einer **Frisbee**-Scheibe machen kannst, erfährst du auf S. 57.
☞ Was ist eigentlich **Crossgolf**?
☞ Aus dem Federballspiel der Inder entwickelte ein britischer Herzog das **Badminton**.

FERNSEHÜBERTRAGUNG – Milliarden Euro

Das waren herrliche Zeiten für die ARD, als es noch kein Privatfernsehen gab. Die Übertragungsrechte für die Fußballbundesliga kosteten damals pro Saison gerade mal 10 Millionen Euro. Mit den Privatsendern begann das Feilschen. Heute bezahlt ein Fernsehsender fast 300 Millionen Euro dafür, dass er die Bundesligaspiele zeigen darf. Die Vereine nehmen mit der Fernsehübertragung heute letztendlich weit mehr Geld ein als mit dem Ticketverkauf.
Die Faustregel lautet: Je mehr Fernsehzuschauer eine Sportart hat, desto mehr Geld kosten die Übertragungsrechte. Das Land, das die Olympiade ausrichtet, verdient zum Beispiel mit den Rechten Milliarden. Denn Olympia wollen Sportfans in aller Welt sehen. Auch einzelne Stars sind gut für die Einschaltquoten. Zu Zeiten eines Boris Becker wollte je-

der die **Grand-Slam**-Turniere sehen. **Jan Ullrich** pushte das Interesse für den Radsport und seit Martin Schmitt verfolgte Fernsehdeutschland mit Spannung die Entscheidungen im **Skispringen**.

☞ Was ist der **Grand Slam**?
☞ **Jan Ullrich** war der jüngste Tour-de-France-Sieger aller Zeiten.
☞ Worauf kommt es beim **Skispringen** an?

FORMEL 1 – Die Schnellsten

Formel-1-Wagen beschleunigen in 3 Sekunden von 0 auf 100 Stundenkilometer. Sie sind über 300 Stundenkilometer schnell. Trotz der hohen Geschwindigkeiten gibt es zum Glück kaum noch tödliche Unfälle, weil die Fahrerkabine heute als **Sicherheitszelle** konstruiert ist.
Es gibt 17 **Autorennen** pro Jahr, in denen der Formel-1-Weltmeister, der schnellste Rennfahrer des Jahres, ermittelt wird. Jahrelang war das **Michael Schumacher.** Ein Rennen dauert etwa anderthalb Stunden, in denen die Fahren 40 bis 80 Runden auf einer kurvenreichen Rundstrecke abfahren. Formel-1-Rennen in Deutschland kannst du am Nürburgring oder in Hockenheim sehen.
Das traditionellste Rennen ist jedoch der Große Preis von Monte Carlo in Monaco, der mitten durch die enge Hafenstadt führt. Es ist sehr schwer, auf den engen kurvenreichen Strecken zu überholen. Daher werden die Rennen häufig beim Boxenstopp entschieden. Wer also beim Reifenwechsel und Tanken am schnellsten ist, hat gute Chancen, auf den vorderen Plätzen zu landen.
Die Funktionäre versuchen mittlerweile mit neuen Regeln, die zum Beispiel das Überholen erleichtern, die Rennen wieder spannender zu machen.

☞ Was ist die **Sicherheitszelle**?

☞ Was ist entscheidend beim **Autorennsport**?

☞ **Michael Schumacher** aus Kerpen bei Köln wurde siebenmal Formel-1-Weltmeister, ein unerreichter Rekord!

FRAUENFUßBALL – Erfolgreiche Kickerinnen

Die deutschen Fußballfrauen, darunter die bekannte Stürmerin **Birgit Prinz,** sind erfolgreicher als ihre männlichen Kollegen, keine Frage. Seit 1989 haben sie (bis auf 1993) alle Europameisterschaften gewonnen. Zweimal hintereinander, 2003 und 2007, wurden sie Weltmeister. Kein **Überraschungssieg,** sondern ein Sieg auf Grund eines technisch sehr guten und sehenswerten Fußballs.

Die großen Erfolge der deutschen Fußballfrauen rühren aber auch daher, dass die Konkurrenz nicht mithalten kann. Denn während kickende Mädchen in Deutschland nichts Besonderes sind, werden Fußballspielerinnen in manchen anderen Ländern immer noch schief angesehen. Und auch in Deutschland drohte der DFB noch in den 1970er-Jahren mit einer Strafzahlung, wenn Vereine eine Frauenabteilung gründeten.

In den USA dagegen gilt Fußball als Frauensport. Viele College-Studentinnen spielen in einer Fußballmannschaft.

! 2011 findet die Fußball-WM der Frauen in Deutschland statt.

☞ Häufig fängt die Karriere von Fußballerinnen in der Jungenmannschaft an, wie bei der Stürmerin **Birgit Prinz**.

☞ Nach ihrem **Überraschungssieg** bei der EM 1992 versank die dänische Herrennationalmannschaft wieder in der Mittelmäßigkeit.

FREESTYLE – Freier Stil

Freestyle gibt es im **Skateboarden**, Snowboarden, **Ski**fahren, Motocross, Windsurfen und Frisbee. Mit dem Freistil im Schwimmen hat es dagegen nichts zu tun.

Eigentlich bedeutet Freestyle, dass du ohne Vorgaben auf deinem Sportgerät zeigst, was alles möglich ist, also schwierige Tricks und Sprünge. Wenn jedoch ein Sport im Wettkampf beurteilt wird, kannst du dir die Elemente, die du zeigen willst, zwar noch aussuchen, aber du weißt von vornherein, wie viel Punkte es dafür gibt. Also wirst du dich nicht für schlechter bewertete Elemente entscheiden. Außerdem sind bestimmte Schwierigkeiten in einer Wettkampfklasse vorgeschrieben. Von »frei« kann im Wettkampf also nur noch bedingt die Rede sein.

Echten Freestyle zeigen dagegen die Skateboardfahrer auf der Domplatte in Köln. Oder die Traceure im **Parkour** in den Pariser Vorstädten.

☞ Welche Tricks haben **Skateboarder** eigentlich auf Lager?
☞ Wann und wo gab es die ersten **Ski**fahrer?
☞ **Parkour** ist ein lebensgefährlicher Extremsport.

FREISTIL – Schwimmsport

Beim **Schwimmen** bedeutet Freistil eigentlich, dass du dir die Schwimmart für den Wettkampf aussuchen kannst. Weil Kraulen jedoch der schnellste Schwimmstil ist, schwimmt jeder beim Freistil Kraul, egal ob Kurzstrecke oder **Langstreckenschwimmen**.

Den Kraulwettkampf auf der Kurzstrecke nennt man heute knapp »Freistil«.

☞ Wie viele Stunden am Tag trainieren Wettkampf-**Schwimmer**?
☞ Beim **Langstreckenschwimmen** tobt unter Wasser ein Krieg.

FRISBEE – Vielseitige Scheibe

Fangen und Werfen ist das eine, was du mit einer Frisbee-Scheibe machen kannst. Wenn du etwas fortgeschrittener bist, wirst du es mit dem Rückhandwurf, dem Wurf um den Rücken herum, und anderen Tricks, wie dem Rotieren der Scheibe auf dem Finger, versuchen. Damit ist das Spiel mit der Plastikscheibe aber noch lange nicht zu Ende.
Beim Discgolf geht es um genaue Weitwürfe. Das Frisbee muss auf 12 Bahnen in Zielkörbe geworfen werden. Wer die wenigsten Würfe braucht, gewinnt. Die Bahnen kannst du mit deinen Freunden selbst festlegen, wie es die **Crossgolfer** tun. In manchen öffentlichen Parks laden bereits Frisbee-Körbe zum Discgolf ein.

»Ultimate Frisbee« heißt ein Spiel, bei dem zwei Mannschaften zu sieben Spielern gegeneinander antreten. Einen Punkt gibt es, ähnlich wie beim **American Football,** wenn das Frisbee in der gegnerischen Endzone gefangen wird. Jedoch ist im Gegensatz zum Football Körperkontakt verboten. Wer zuerst 15 Punkte hat, gewinnt.
Außerdem kannst du mit dem Frisbee Weit- und Hochwurfwettbewerbe machen, Friskee spielen, eine Art **Basketball** mit Frisbee, oder beim Hundefrisbee einfach den Hund nach der Scheibe rennen lassen.

! Den weitesten Frisbeewurf von 250 Metern schaffte der Schwede Christian Sandstrom.

☞ Wie funktioniert eigentlich **Crossgolf**?

☞ Körperkontakt ist beim **American Football** erlaubt.

☞ Wo spielen die besten **Basketballer** der Welt?

FUNKTIONÄR – Von Posten und Pöstchen

Diejenigen Mitglieder des Sportvereins, die in der Organisation beschäftigt sind, nennt man Funktionäre. Dazu gehören der gesamte Vorstand mit Vereinspräsident, **Manager**, Pressestelle und Kassenwart. Bei kleinen Vereinen müssen die Mitglieder oft mühsam überredet werden, ein Amt zu übernehmen und Funktionär zu werden. Denn es bedeutet viel unbezahlte Arbeit und wenig freie Wochenenden.
In den großen Vereinen dagegen, die jeden Tag in der Zeitung stehen, sind die Funktionärsposten begehrt. Zum einen dürfen Funktionäre bei wichtigen Entscheidungen mitreden: Wer wird der nächste Trainer? Wer sponsert unsere **Trikotwerbung**? Sollen wir die **Fußball-EM** nach Deutschland holen? Und so weiter … Außerdem haben Funktionäre Freikarten für alle Veranstaltungen und sitzen in der Ehrenloge, wenn es

eine gibt. Sie müssen nicht, wie ihre Kollegen in den kleinen Vereinen, ihre Freizeit für unbeliebte Aufgaben opfern. Dafür gibt es in großen Vereinen bezahlte Leute. Viele Sportfunktionäre sind Politiker. Denn die bringen dem Verein neue wichtige Kontakte.

Wenn es bei einem Verein schlecht läuft, schimpfen alle auf die Funktionäre. Wer sonst hat dafür gesorgt, dass der falsche Trainer eingestellt wurde und das Vereinsfest eine Pleite war?

! Welchen Einfluss Funktionäre haben können, siehst du daran, dass eine Handvoll europäischer Sportfunktionäre sich gemeinsam die Champions League ausgedacht haben.

☞ Was macht eigentlich der **Manager** eines Vereins?

☞ Wer verdient mit **Trikotwerbung**?

☞ Ist es eigentlich schwieriger, die **Fußball-EM** zu gewinnen oder die WM?

FUßBALL – ... regiert die Welt

Seit Tausenden von Jahren spielen die Menschen Fußball. Gekickt wurde sogar schon unter den großen chinesischen Kaisern, 2700 Jahre vor unserer Zeit.

Aber die Regeln waren bestimmt noch nicht dieselben wie heute. Der Fußball im Florenz des Mittelalters etwa war eine Mischung aus Kampf und Kicken. Die Adligen ließen aus Gaudi ihre Dienerschaft zum Fußball gegeneinander antreten. Auch Ringer gehörten beim Calcio (sprich: kaltscho) zur Mannschaft. Die Fußtritte galten öfter dem Gegner als dem Ball. Handspiel war erlaubt.

Die Engländer waren es, die das Geraufe um den **Ball** seit den 1840er-Jahren in geregelte Bahnen lenkten. Das Handspiel wurde verboten, für

Rempeleien gab es einen Platzverweis und die Mannschaftsstärke wurde auf elf Spieler festgelegt.
Natürlich gab es auch Sportfans, die das neue Spiel zu harmlos fanden. Sie gründeten 1871 die Rugby Football Union. Und hier, im **Rugby**, darf weiter kräftig gerauft werden.

! Der erste deutsche Fußballverein wurde 1878 in Hannover gegründet. Heute gibt es in Deutschland 27000 Vereine mit 6 Millionen Spielern, dazu kommen mehrere Millionen vereinslose Freizeitkicker.

☞ Was Eislaufmuttis mit dem Fußballvati zu tun haben, liest du auf S. 49.

☞ Woraus besteht eigentlich der **Ball**?

☞ **Rugby** zählt zu den härtesten Sportarten überhaupt.

FUßBALL-EM – Die besten Kicker Europas

Eigentlich ist es schwieriger, Europameister zu werden als **Fußballweltmeister**. Denn bei der EM treffen die Vereine schon in der Gruppenphase auf starke Gegner. Da gibt es kaum ein Spiel, bei dem die Spieler mit halber Kraft spielen können, um eine **Muskelzerrung** auszukurieren oder sich für das nächste Spiel zu schonen. Schließlich gehört Fußball in Europa zu den beliebtesten Sportarten. Und so gibt es hier, anders als in Asien oder Nordamerika, eine Reihe von Spitzenvereinen mit sehr guten Spielern, wie den FC Bayern mit **Philipp Lahm** oder den FC Barcelona mit Weltklassespieler **Lionel Messi**.
Deutschland ist unter den herausragenden europäischen Nationalmannschaften das erfolgreichste EM-Team. Dreimal haben die Deutschen Herren das Endspiel für sich entschieden, nämlich 1972, 1980 und 1996. Dreimal wurden sie außerdem Vizeeuropameister, in den Jahren 1976, 1992 und 2008. Die deutsche Nationalmannschaft der Frauen holte sogar schon fünfmal den Titel und ist amtierender Europameister.
EM-Spiele locken viele Zuschauer vor den Fernseher und sorgen mit **Überraschungssiegern** wie im Endspiel 1992 für zusätzliche Spannung.

! Die EM 2012 findet erstmals im Osten von Europa, nämlich in Polen und der Ukraine, statt.

☞ Die Europameisterschaft gibt es erst seit 1960, die **Fußballweltmeisterschaft** schon seit 1930.

☞ Was ist eine **Muskelzerrung**?

☞ Auf welcher Position spielt **Philipp Lahm**?

☞ Aus welchem Land stammt **Lionel Messi**?

☞ Der **Überraschungssieg** 1992 gelang einer Mannschaft, die nicht mal die Qualifikation geschafft hatte.

FUßBALL-WM – Die besten Kicker der Welt

Die Fußballweltmeisterschaft gilt nach den **Olympischen Spielen** als das bedeutendste Sportereignis der Welt. Dabei sind es fast immer dieselben Mannschaften, die die Endrundenspiele bestreiten. Dazu gehören die südamerikanischen Mannschaften aus Brasilien, Argentinien und Uruguay. Aus Europa mischen häufig Deutschland, Italien und Frankreich im Finale mit. Andere Länder dagegen, die auch als Favoriten zum Turnier fahren, wie beispielsweise die Niederländer und die Engländer, werden oft frühzeitig rausgekickt.

Rekordweltmeister ist Brasilien mit 5 WM-Titeln. Deutschland war dreimal Weltmeister, erstmalig 1954 mit den **Helden von Bern** und Trainer **Sepp Herberger**.

Dabei scheint es bei der WM einen deutlichen Heimvorteil zu geben. Der Ausrichter der Spiele hat statistisch gesehen ganz gute Chancen, Weltmeister zu werden. Bei der WM 2006 in Deutschland ging diese Rechnung jedoch nicht auf. Hier holte sich Italien den Weltmeistertitel im Elfmeterschießen gegen Frankreich.

Die erste Fußballweltmeisterschaft fand 1930 in Uruguay statt. Die WM 2010 wird in Südafrika ausgetragen, die WM 2014 im Fußballland Brasilien.

! »Fußball ist ein einfaches Spiel: 22 Mann jagen einem Ball hinterher und am Ende gewinnen die Deutschen«, schimpfte der englische Fußballer Gary Lineker 1990 nach der WM-Halbfinalniederlage der Engländer gegen Deutschland.

☞ Wie viele Zuschauer haben die **Olympischen Spiele der Neuzeit**?

☞ Wer sind eigentlich die **Helden von Bern**?

☞ **Sepp Herbergers** Fußballweisheiten solltest du kennen!

FUßBALLWUNDER – Aufstieg eines Dorfvereins

Die Turn- und Sportgemeinschaft 1899 Hoffenheim stieg in nur 17 Jahren von der Kreisklasse A nonstop in die Bundesliga auf.

Hoffenheim, ein 3300-Seelen-Dorf bei Sinsheim, war höchstens bekannt durch sein Flughafenmuseum, das von der Autobahn aus zu sehen ist – bis der **Manager** Dietmar Hopp sich 1990 als Sponsor des Vereins annahm. Dabei beruht der ungewöhnliche Erfolg von Hoffenheim nicht auf dem Aufkaufen millionenschwerer Fußballstars, sondern auf sehr guter Jugendarbeit. So wurde die Fußballschule von Hoffenheim 2008 vom DFB als »Eliteschule des Fußballs« ausgezeichnet. Und die Erfolge der Jugendmannschaften sprechen für sich. 2007 wurden die Hoffenheimer Deutscher B-Jugend-Meister. 2008 gewannen die 10- bis 12-Jährigen die Meisterschaft der D-Jugend.

In der Bundesliga macht Hoffenheim sich mit schnellem Offensivfußball einen Namen – genau das, was die Fans sehen wollen. All diese Erfolge erarbeitet sich Hoffenheim, anders als andere Vereine, mit jungen Spielern. Neueinkäufe sind im wesentlichen Spieler bis zum Alter von 23 oder 24 Jahren.

! Dietmar Hopp ist Mitbegründer von SAP, einer Firma, die Computerbetriebssysteme herstellt.

! Die Kritiker schimpfen: Hoffenheim sei keine gewachsene Traditionsmannschaft, sondern ein Dorfverein.

☞ Welche Aufgaben übernimmt ein **Manager**?

HAILE GEBRSELASSIE – Weltrekorde und Weltbestzeiten

Das Laufwunder Haile Gebrselassie wurde 1973 als achtes von zehn Geschwistern im Hochland von Äthiopien geboren. Sein Heimatland gehört zu den ärmsten der Welt. Dort gibt es ständige Kriege, Dürren, Wetterkatastrophen und die schlimme Krankheit Aids. Gebrselassies Geburtsort Assela liegt 2430 Meter über dem Meer. Diese Höhe ist ideal für das Höhentraining von Ausdauersportlern. Weil es in der großen Höhe wenig Sauerstoff gibt, bildet der Körper verstärkt rote Blutkörperchen, um mehr Sauerstoff aufnehmen zu können. Kommt ein so trainierter Läufer ins Flachland, hat er gegenüber den Konkurrenten einen Vorteil, der dem Doping mit **EPO** vergleichbar ist. Seine Leistungen sind auf Dauer besser und er ermüdet weniger schnell.

Die Vorsprünge, die Gebrselassie bei den internationalen Wettkämpfen herausholte, waren für die Konkurrenz entmutigend. Oft kam er bei den **Langstreckenläufen** eine halbe oder gar eine ganze Stadionrunde vor den anderen Läufern ins Ziel. 10 Jahre lang, von 1994 bis 2004, war er Weltrekordhalter auf 5000 Metern. Von 1995 bis 2004 schob er sich auf den 10000 Metern immer wieder auf Platz eins der Weltrangliste. 2003, als die Zeit seiner Siegesserien dem Ende entgegenging, verlegte er sich auf Halbmarathon und Marathon. Auch im Marathon hält er seit 2007 die Weltbestzeit. Den **City-Marathon** von Berlin gewann er viermal in Folge.

- Gebrselassie glaubt, dass seine außergewöhnlichen Leistungen nicht nur seinem Körper und dem Training zu verdanken sind. Auch der Wille und der Geist spielen eine entscheidende Rolle.
- Der derzeitige Rekordhalter auf 10000 Metern und 5000 Metern ist Kenenisa Bekele aus dem äthiopischen Städtchen Bekoji.
- Wie wirkt eigentlich **EPO**?
- Spielt Taktik beim **Langstreckenlauf** eine Rolle?
- Gebrselassie erläuft sich hohe Preisgelder bei den **City-Marathons** auf der ganzen Welt.

GENE – Der Sport und die Erbanlagen

Die Wissenschaft hat festgestellt, dass alles auf die Gene ankommt. Die Erbanlagen entscheiden, ob aus dir eine gute **Ballett**tänzerin, ein Weltklassesprinter oder ein guter **Langstreckenläufer** wird. Und tatsächlich haben viele sehr gute Sprinter jamaikanische Vorfahren, wie Usain Bolt oder der Dopingsünder Ben Johnson. Viele der besten Langstreckenläufer wurden in Kenia oder Äthiopien geboren, wie **Haile Gebrselassie**. Und die weltbesten Balletttänzerinnen sind in Russland zu Hause.

Jetzt wirst du dir sagen: Was hat dann das ganze Training für einen Sinn? Meine Eltern und Großeltern stammen aus Castrop-Rauxel.

Hier kommt die gute Nachricht: Wissenschaftliche Theorien sind vergänglich. Ihr Haltbarkeitsdatum liegt meistens unter 50 Jahren. Schon in ein paar Jahren halten die Wissenschaftler ganz andere Dinge für wahr, du wirst sehen!

Deswegen: Hör auf zu grübeln! Übung macht den Meister.

☞ Die Klitschko-Brüder scheinen der lebende Beweis für die Gen-Theorie zu sein. Mehr über sie auf S. 90.

☞ Was hat **Ballett** mit Aschenputtel zu tun?

☞ Welche Rennen gehören zu den **Langstreckenläufen**?

☞ Vielleicht liegt es ja doch an der Höhenluft, dass der Äthiopier **Haile Gebrselassie** auf der Langstrecke fast unschlagbar ist?

GERÄTETURNEN – Akrobatik vor Kampfrichtern

Das Einstiegsalter für Spitzenturner liegt bei 4 bis 6 Jahren, ähnlich wie im **Ballett**.

Turner führen akrobatische Turnübungen von höchster Schwierigkeit

vor, wie dreifache Salti oder das Kopfkreuz, eine kraftraubende Balanceübung an den Ringen, bei der die Turner möglichst reglos ausharren müssen. Die Männer treten bei Wettkämpfen an sechs Geräten an: zum Bodenturnen, an den Ringen, zum Sprung übers Pferd, zum Barren, zum Reckturnen und zum Pauschenpferd, einem Seitpferd mit Griffbügeln. Die Übungen am Pauschenpferd sind aus dem **Voltigieren** entstanden.
Der Frauenwettkampf besteht aus vier Disziplinen: dem Bodenturnen, dem Sprung übers Pferd, dem Stufenbarren und dem Schwebebalken.
Einige der Turngeräte von heute stammen aus der Zeit der ersten Eisenbahnen: Schwebebalken, Reck, Pauschenpferd und Ringe hatte Turnvater **Jahn** bereits Anfang des 19. Jahrhunderts auf dem Turnplatz der Berliner Hasenheide aufgestellt, um die Jugend zum Turnen anzuregen.
Leistungsturner sind meist klein und sehr muskulös, wie der 1,63 Meter große Reckeuropameister **Fabian Hambüchen**.

☞ **Ballett** baut für den Spitzentanz auf.
☞ **Voltigieren** ist Akrobatik auf dem Rücken eines lebenden Pferdes.
☞ Die Turnbewegung von **Friedrich Ludwig Jahn** war sehr politisch.
☞ Wieso nennen seine Freunde **Fabian Hambüchen** »Professor«?

GEWICHTHEBEN – Vom Reißen und Stoßen

Gewichtheber tingelten vor der Erfindung des Fernsehers als »stärkster Mann der Welt« von Jahrmarkt zu Jahrmarkt. Und auch bei der ersten Olympiade der Neuzeit begeisterten sie mit ihrem **Kraftsport** das Publikum. Doch vielleicht ist das Gewichtheben nicht mehr lange **olympische Sportart**: zu viel **Doping**!

Der olympische Wettbewerb im Gewichtheben besteht aus Stoßen und Reißen. Beim Stoßen stützt der Gewichtheber die Hantel auf Schulter und Schlüsselbein ab, ehe er sie mit einem Ausfallschritt ganz in die Höhe bringt. Beim Reißen dagegen darf kein anderer Körperteil als Hände und Arme das Gewicht der Hantel stützen. Das verlangt eine größere Anstrengung, daher können beim Reißen weniger schwere Gewichte bewältigt werden als beim Stoßen.
Gewichtheben belastet die Gelenke sehr stark. Deswegen tragen die Sportler Knie- und Handgelenkbandagen.

Reißen

Stoßen

! Bei den Olympischen Sommerspielen 2004 in Athen wurde bei 11 Gewichthebern Doping nachgewiesen.

☞ Was haben Schnitzel mit **Kraftsport** zu tun?

☞ Wer entscheidet eigentlich darüber, was **olympische Sportart** wird?

☞ Wie wirken **Doping**-Mittel?

GEWICHTSKLASSE – Leichtgewichte und Schwergewichte

Kraftsportler und **Kampfsportler** treten im Wettkampf in unterschiedlichen Gewichtsklassen an, damit es gerecht bleibt. Einem dünnen Hering hilft seine ganze Boxtechnik nämlich nichts, wenn er gegen einen massigen Schwergewichtler im Boxring steht.

Es gibt je nach Sportart zwischen zehn und zwanzig Gewichtsklassen, wie zum Beispiel Fliegengewicht, Federgewicht und Leichtgewicht. Männer bis zu 60 Kilo und Frauen bis 57 Kilo gelten als Leichtgewichte.

Ein Gewichtheber, der in der schwersten Klasse – im Superschwergewicht – antritt, muss sich mindestens 108 Kilo anfuttern. Olympiasieger **Matthias Steiner** wiegt 140 Kilo.

Die höchste Gewichtsklasse im Profiboxen ist das Schwergewicht mit über 90,718 Kilo.

Die leichteste Klasse im Frauen- und Juniorenboxen ist das Juniorenstrohgewicht mit höchstens 46,266 Kilo.

Auch **Ruderer** werden im Wettkampf übrigens nach Gewicht eingeteilt: in Leichtgewicht und Normalgewicht.

☞ Was essen **Kraftsportler**?

☞ Mehr über **Kampfsport** findest du auf S. 85.

☞ **Matthias Steiner** gehört zu den wenigen Olympiasiegern, die es zur Fernseh-Prominenz geschafft haben.

☞ Ein bisschen Seemannssprache solltest du beim **Rudern** schon beherrschen.

GLEITSCHIRMFLIEGEN – Wie ein Blatt im Wind

Anfänger stöhnen über die vielen Schnüre, die sich dauernd verheddern. Und das ist wirklich kein Spaß. Ein kurzer Anlauf am Hang, der Wind fährt unter deinen Schirm, du schwebst ... ein paar Meter und musst wieder Schnüre sortieren. Dann packst du dein 15 Kilo schweres Stoffpaket und stapfst bergauf zum Start zurück.

Wenn jedoch die ersten kurzen Flüge über flaches Gelände klappen oder gar der erste Flug übers Tal, bist du schon stark suchtgefährdet. 1000 Euro kostet eine Gleitschirmausrüstung. Noch mal 1000 die Flugausbildung. Einmal in der Luft, kann ein guter Gleitschirmpilot, ebenso wie ein **Drachenflieger**, mehrere Stunden am Himmel schweben. Dabei helfen ihm die Aufwinde. Das sind örtlich begrenzt aufsteigende Luftmassen. Sie entstehen dadurch, dass die Sonne den Erdboden erwärmt. Dieser erwärmt wiederum die unterste Luftschicht. Die warme Luft steigt nach oben und trägt den Gleitschirm ein paar Luftschichten weiter in die Höhe. Aber Aufwind kann für einen Gleitschirmflieger auch sehr gefährlich sein. Die Europameisterin **Ewa Wisnierska** hat er beinahe das Leben gekostet.

Auch im Flachland kann man Gleitschirm fliegen. Dort lassen sich die Gleitschirmpiloten, ähnlich wie ein Drachen, mit einer Seilwinde in die Luft ziehen.

- Du musst mindestens 14 sein, wenn du Gleitschirm fliegen lernen willst. Mit 16 darfst du die Prüfung zum Flugschein machen.
- In Österreich heißt das Gleitschirmfliegen »Paragleiten«.
- Was ist eigentlich der Unterschied zwischen Gleitschirm- und **Drachenfliegen**?
- Die Gleitschirmfliegerin **Ewa Wisnierska** schwebte stundenlang ohnmächtig in den Wolken.

GOLDMEDAILLE – Es ist nicht alles Gold …

Bloß 150 Gramm wiegt eine olympische Goldmedaille, für die die Sportler so viel Schweiß und jahrelanges Training aufbringen. Ist das die Mühe wirklich wert? Etwa 6 Gramm schwer ist der Goldanteil der Medaille. Der Rest ist Silber und noch dieses und jenes Metall. 30 Euro würde der Goldschmied für so eine Medaille als Materialwert zahlen.
Außerdem bekommen die deutschen Olympiasieger eine Siegesprämie von 15000 Euro. Philipp Lahm oder **Dirk Nowitzki** würden dafür nicht mal einem Reporter die Haustür öffnen.
Zum Reichwerden taugt ein Olympiasieg also kaum. Und die hart erkämpfte Berühmtheit reicht oft gerade mal zu ein paar Talkshow-Einladungen. Große Werbeaufträge und Sponsorenverträge bleiben für die meisten Goldmedaillengewinner leider auch ein Wunschtraum. Und ausgerechnet diejenigen Sportler, die es nicht zum olympischen Gold schaffen, haben oft die besten Sponsorenverträge, wie **Fabian Hambüchen** oder die ehemalige Schwimmerin Franziska van Almsick.
Die meisten Olympiasieger müssen damit zufrieden sein, dass sie vom Bundespräsidenten empfangen werden, sich in das Goldene Buch ihrer Heimatstadt eintragen und ein paar Wochen lang Glückwünsche entgegennehmen.

- Olympische Goldmedaillen, vorwiegend von Olympiasiegern aus dem Osten, kann man auch im Internet ersteigern.
- Traumhaft erscheint heutigen Olympiasiegern die Karriere des Olympiasiegers Johnny Weissmüller, der in den 1930er- und 1940er-Jahren als Film-Tarzan weltberühmt wurde.
- Die Italiener bekommen eine zehnmal so hohe Prämie wie die deutschen Goldmedaillengewinner.
- Wusstest du, dass **Dirk Nowitzki** ziemlich schüchtern ist?
- In welcher Sportart wurde **Fabian Hambüchen** Weltmeister?

GOLF – Rasensport mit 14 Schlägern

Beim Golf geht es darum, den Ball in möglichst wenig Schlägen in ein kleines Loch zu befördern, wie beim Minigolf. Jedoch wird Golf in großen, parkähnlichen Grünanlagen mit 18 Spielbahnen gespielt. Ein Prinzip, das mittlerweile auch die **Frisbee**-Spieler für sich entdeckt haben. Beim Golf bestehen die Hindernisse aus angelegten Teichen, Bächen, Sandkuhlen, den sogenannten »Bunkern«, oder Anhöhen.
Der Golfer führt in einem Trolley 14 Golfschläger mit. Denn für den Abschlag, den er weit und hoch spielen muss, braucht er einen anderen Schläger als zum Beispiel für einen Schlag aus dem Sand heraus. Den Schlag, mit dem er den Ball in ein Loch hineinrollt, spielt er dagegen mit dem sehr zielgenauen »Putter«.
Die ersten Golfer, schottische Schäfer, golften sich schon im 14. Jahrhundert mit einem umgedrehten Hirtenstab und ein paar Steinen quer durchs Gelände, ähnlich wie es heute die **Crossgolfer** machen.
Golf wird in Deutschland immer beliebter. Mittlerweile entstehen überall große Golfplätze. Und es ist schon lange nicht mehr der Sport der oberen Zehntausend.

- Erfolgreichster deutscher Golfer ist Bernhard Langer, der zur Weltspitze des Golfsports gehört.
- Der Amerikaner Tiger Woods, weltbester Golfer, ist mit 100 Millionen US-Dollar Jahreseinkommen der meistverdienende Sportler der Welt.
- Disk-**Frisbee** ist eine neue Trendsportart.
- **Crossgolf** erinnert an die Ursprünge des Golfsports.

STEFFI GRAF – Ausnahmetalent

Steffi Graf gilt als beste **Tennis**spielerin der Welt. Sie hat gleich eine ganze Reihe von Rekorden gebrochen.
Schon mit 11 Jahren spielte sie bei den deutschen Hallenmeisterschaften der Erwachsenen. Mit 13 trat sie ins Profilager ein. Ihren ersten **Grand Slam** spielte sie mit 14. Die Fachwelt unkte damals, dass Steffi Graf viel zu früh im **Profi**tennis aufgerieben würde, dass das nicht gut gehen könne. Doch Steffi eilte von Erfolg zu Erfolg. Mit 18 stand sie bereits an der Spitze der Tennisweltrangliste. Mit 19 schaffte sie den Grand Slam und rundete ihn wenig später mit der Olympiamedaille zum Golden Slam ab, was vor und nach ihr niemandem gelang.
Jetzt sagst du dir bestimmt: Bei Wunderkindern klappt eben alles. Nicht ganz! Steffi Grafs Vater, der sie lange trainierte und managte, hatte der Starrummel nicht gutgetan. Er trennte sich von Steffis Mutter wegen eines Nacktmodells. Schließlich musste er auch noch wegen Steuerbetrugs hinter Gitter. Die Steuernachzahlungen brauchten fast das ganze Tennisvermögen auf, munkelt man. Und Steffis Stern sank. Sie hatte eine Sportverletzung nach der anderen. Mit 29 schließlich zog sie sich aus dem Profitennis zurück.

Doch es gibt ein Happy End: Steffi heiratete den Profitennisspieler Andre Agassi und lebt heute mit ihm und ihren zwei Kindern in Las Vegas, USA.

☞ Was Vater Graf mit einer Eislaufmutti zu tun hat, liest du auf S. 49.

☞ **Tennis** war früher der Sport der Könige.

☞ Die vier international wichtigsten Tennisturniere sind im **Grand Slam** zusammengefasst.

☞ Wer zahlt den Sport-**Profis** eigentlich das Geld?

GRAND SLAM – Paris, New York …

Die wichtigsten Tennisturniere der Welt sind die Grand-Slam-Turniere, ebenso mit Spannung erwartet wie die Skispringen der **Vierschanzentournee** oder die Rennen des **Alpinen Ski-Weltcups.** Bei den Grand-Slam-Turnieren gibt es das höchste Preisgeld und die meisten Weltranglistenpunkte. Zum Grand Slam gehören die Australian Open im Januar, im späten Frühjahr folgen die French Open in Paris, im Frühsommer das Rasenturnier im englischen Wimbledon, bei dem **Boris Becker** mit 17 Jahren seinen ersten großen Auftritt hatte. Und im Spätsommer die US Open in New York.

Grand Slam bezeichnet den Sieg bei allen vier Grand-Slam-Turnieren in einem Jahr, eine Siegesserie, die bisher erst fünf Tennisspielern gelungen ist. Zu ihnen gehört die Brühlerin **Steffi Graf.**

☞ Wann findet die **Vierschanzentournee** statt?

☞ Was für eine Trophäe gibt es eigentlich beim **Alpinen Ski-Weltcup** zu gewinnen?

☞ **Boris Becker** ist der jüngste Wimbledon-Sieger aller Zeiten.

☞ In **Steffi Grafs** Karriere gab es neben viel Erfolg auch Schattenseiten.

FABIAN HAMBÜCHEN – Der Professor in der Turnelite

Seit der 1,63 Meter große »Professor« die Deutschen bei internationalen Wettkämpfen nach vorne turnt, ist Deutschland im **Turn**fieber. Die Vereine vermelden, dass das Geräteturnen wieder voll im Trend liegt.

»Professor« wird Fabian Hambüchen von seinen Mannschaftskollegen genannt. Nicht, weil er Abitur hat, sondern weil er wegen seiner schlechten Augen bei der **Schraube** eine Brille tragen muss. Schon mit 17 Jahren turnte Fabian Hambüchen in der Weltspitze mit. Noch vor seinem 18. Geburtstag errang er den Europameistertitel am Reck. Kurz vor seinem 19. Geburtstag erkämpfte er sich am Reck den Weltmeistertitel.

2008 fuhr er mit den größten Hoffnungen zur Olympiade nach **Peking**. Doch der Reckweltmeister griff zweimal daneben. Die Enttäuschung stand ihm ins Gesicht geschrieben. Doch als die Mikrofone angingen, kam kein Wort des Jammerns über Hambüchens Lippen. Niederlagen müssen Sportler wegstecken können. Und schließlich ist ja noch nicht aller Tage Abend. 2012 und 2016 plant Hambüchen zwei weitere Auftritte bei Olympia.

! Hambüchen brachte es beim Abitur im Fach Sport bloß auf eine glatte Zwei.

☞ Welche Sportarten gehören zum **Turnen**?

☞ Was ist eine **Schraube**?

☞ Wie viele Weltrekorde wurden eigentlich bei Olympia 2008 in **Peking** geknackt?

HANDBALL – Schnelles Spiel

Die deutsche Handballbundesliga gilt als beste Liga der Welt. Denn viele der besten Handballspieler, meist aus dem europäischen Ausland, spielen in deutschen Vereinen. Deswegen belegen deutsche Vereine bei internationalen Wettkämpfen häufig vordere Plätze. Die wichtigsten internationalen Wettkämpfe im Handball sind die EHF-Champions-League, der Europapokal der Landesmeister und der EHF-Pokal, ähnlich dem **UEFA-Cup** im Fußball.
Gute Handballmannschaften finden sich vor allem in den Städten, in denen der Fußball nicht alle Talente an sich zieht, wie zum Beispiel in Kiel, Magdeburg und Gummersbach.
Handball ist, wie **Basketball**, ein sehr schnelles Spiel, bei dem die Spieler zwischen Abwehr und Angriff schnell hin- und herschalten müssen. Haben sie in der einen Sekunde noch einen Torwurf versucht, müssen sie in der nächsten sprinten, um den gegnerischen Angriff abzuwehren. Während eines Konterangriffs kann der Trainer Spieler aufs Feld schicken, die eigens auf den Angriff spezialisiert sind. Das passiert, so wie beim **Eishockey**, im fliegenden Wechsel, das heißt ohne Spielunterbrechung. Sobald der eine Spieler vom Platz ist, rennt der Auswechselspieler aufs Feld.

! Ähnlich wie im Basketball sind die Handballspieler der Ersten Bundesliga recht groß. Die Männer messen im Durchschnitt 1,90 Meter, die Frauen 1,75 Meter.

! Handball wurde Ende des 19. Jahrhunderts von einem deutschen Lehrer erfunden.

! 2007 ist Deutschland im eigenen Land Weltmeister geworden.

☞ Wer spielt eigentlich im **UEFA-Pokal**?

☞ Wodurch wird ein **Basketballspieler** zum wertvollen Spieler?

☞ Rempeleien sind beim **Eishockey** erlaubt.

DIE HELDEN VON BERN – Land unter!

Es war in einer Zeit, als die Taktik im Fußball noch keine Rolle spielte. Der Zweite Weltkrieg war eben erst vorbei. Leder**bälle** waren eine Kostbarkeit. Und wer sein einziges Paar Schuhe beim Kicken kaputt trat, bekam zu Haus eine Tracht Prügel.

So musst du dir die Kindheit der Jungen vorstellen, die ein paar Jahre später, als junge Männer, zu den Helden von Bern wurden. Ihre Namen sind Helmut Rahn, Fritz Walter, Horst Eckel, Hans Schäfer … Namen, die dein Großvater sicher noch kennt.

Wir schreiben das Jahr 1954, Fußball-WM in der Schweiz. Die Ungarn gehen als haushohe Favoriten in den Wettkampf. Die deutschen Kicker gelten als chancenlose **Außenseiter**. Auch noch, als sie im strömenden Regen gegen die Ungarn im Endspiel stehen.

Und dann wird ein Fußballmärchen wahr. Kurz vor dem Schlusspfiff schießt Helmut Rahn das berühmteste Tor der deutschen Fußballgeschichte. Mit einem Aufsetzer versenkt er den Ball im Kasten der Ungarn. 3:2 für Deutschland! Das ausgeblutete Land im Herzen Europas wird **Fußballweltmeister**!

Der Trainer der Mannschaft von 1954, **Sepp Herberger**, ist ebenso zur Legende geworden wie die Mannschaft. Seine Fußballweisheiten gelten bis heute.

Die Weltmeister von 1954 waren übrigens Amateure. Das Training kam erst nach der Arbeit. Und mit einem Ball aus Leder spielen inzwischen nur noch Freizeitkicker.

☞ Aus welchem Material besteht ein **Ball** für Fußballturniere?

☞ Andere berühmte **Außenseiter** findest du auf S. 17.

☞ Welche Mannschaften stehen bei der **Fußballweltmeisterschaft** fast immer im Finale?

☞ Welche Sprüche stammen von **Sepp Herberger**?

SEPP HERBERGER – Fußballerweisheiten

Kennst du den Satz »Der Ball ist rund«? Oder »Ein Spiel dauert 90 Minuten«. Bestimmt! Denn Kickerweisheiten wie diese kennt schließlich jedes Kind. Sie sind so alt wie der **Fußball** – denkst du vielleicht. Stimmt aber nicht. Der legendäre Bundestrainer Sepp Herberger ist es, der alle diese Sprüche geprägt hat, Sprüche, die heute in jeder zweiten Fußballreportage vorkommen. Und das Verrückte daran: Irgendwie stimmen sie nicht nur für den Fußball, sondern für Klausuren, deinen nächsten Wettkampf im **Schwimmen**, Ärger mit den Freunden … eben irgendwie für alles. Findest du nicht?

Herberger ist auch derjenige, der den Satz prägte: »Elf Freunde müsst ihr sein!« Damit stellte er sich gegen all die, die mit dem Fußball Geld verdienen wollten. Er forderte: »Fußball den Amateuren!«

Drei weitere Herberger-Sprüche solltest du kennen. Das sind:

»Der nächste Gegner ist immer der schwerste.«

»Das Runde muss ins Eckige.«

»Nach dem Spiel ist vor dem Spiel.«

Noch Fragen?

! Herberger, dessen Markenzeichen das Kritzeln im Notizbuch war, gilt als einer der ersten Taktiker unter den Fußballtrainern.

! Der Satz »Entscheidend ist aufm Platz« ist auch schon 60 Jahre alt und stammt übrigens nicht von Herberger, sondern vom BVB-Stürmer Adi Preißler.

☞ Wie alt ist eigentlich das **Fußballspiel**?

☞ Wie sieht das Training im **Schwimmen** aus?

HIGHLAND GAMES – Kraftmeier unter sich

Wenn du **Kraftsportler** suchst, die ihren Namen wirklich verdienen, wirst du im schottischen Hochland fündig. Bei den Highland Games werfen **muskel**bepackte Kerle im Schottenrock riesige Baumstämme durch die Luft, schmeißen Steine in die Höhe und schleppen zentnerschwere Steinkugeln von hier nach da.
Angeblich haben sich die Disziplinen der Highland Games aus dem Alltag in Schottland entwickelt. Ein harter Alltag, wie es scheint!
Mittlerweile gibt es auch in Deutschlands »Clans«, die Highland Games ausrichten. In dem kleinen Städtchen Kempen zum Beispiel finden jedes Jahr die Deutschen Meisterschaften statt. Frauen, die teilnehmen wollen, sind übrigens bei den Highland Games willkommen.

☞ Welche Sportarten gehören zum **Kraftsport**?
☞ Kann es auch von Nachteil sein, richtig dicke **Muskeln** zu haben?

HOCKEY – Von Abseits und Siebenmeter

Zum Hockey brauchst du nicht viel: einen kurz geschnittenen Rasen, einen kleinen Ball und einen gebogenen Schläger. Schon kann's losgehen. Die Regeln sind ganz ähnlich wie im Fußball. Es spielen elf gegen elf. Beim Anpfiff müssen sich alle Spieler in der eigenen Hälfte befinden. Ein Torschuss gilt nur, wenn er aus dem Schusskreis geschossen wurde, der im Abstand von 14,63 Meter um das Tor herum verläuft. Wie im Fußball gibt es **Abseits**regeln. Statt eines Elfmeters wird der Strafstoß hier vom Siebenmeterpunkt geschossen.

Weil der Ball, wie beim **Eishockey**, sehr hohe Geschwindigkeiten erreichen kann, ist der Torwart in Schutzkleidung eingepackt, von Schienbeinschonern aus Schaumstoff über einen Brustschutz bis zu einem Helm mit Gesichtsschutz.

Besonders beliebt ist Hockey in denjenigen Ländern, die früher einmal britische Kolonien waren. Denn die britischen Soldaten, die in die Kolonien abkommandiert waren, haben dort zu ihrem Zeitvertreib Hockey gespielt – wenn sie nicht gerade mit **Federball** oder **Tischtennis** beschäftigt waren. Bis heute sind die ehemaligen britischen Kolonien führende Hockey-Nationen, wie Indien, Pakistan und Australien.

Aber auch die Leistungen der deutschen Hockeyspieler können sich sehen lassen. 2006 schlugen die Hockey-Herren Australien im Endspiel der WM. 2008 holten sie Gold in Peking. Die Damen beherrschen seit Jahren die Europameisterschaft im Hallenhockey.

! Das Wort Hockey kommt wahrscheinlich aus dem Altfranzösischen und bedeutet »Schäferstab«.

☞ Was ist eigentlich ein **Abseits**?

☞ Beim **Eishockey** sind Prügeleien an der Tagesordnung.

☞ Britische Offiziere lernten **Federball** und **Tischtennis** in Ostasien kennen.

HUNDERTMETERLAUF – Sprintweltmeister

Im Hundertmeterlauf treffen die schnellsten Männer und Frauen der Welt aufeinander. Das ist bei den Männern zurzeit der Jamaikaner **Usain Bolt**. Mit 9,69 Sekunden war er der Konkurrenz bei den Olympischen Spielen 2008 in Peking um Längen voraus. Schon ein Jahr später, bei der Leichtathletik-WM in Berlin, stellte er einen neuen Weltrekord von 9,58 Sekunden auf.

Weltrekordhalterin bei den Frauen ist die früh verstorbene Amerikanerin Florence Griffith-Joyner mit 10,49 Sekunden, einem Rekord, der seit 1988 unerreicht ist.

Meist laufen die Konkurrenten so dicht hintereinander ins Ziel, dass der Sieger nur mit Hilfe des Zielfotos bestimmt werden kann. Der Vorsprung beträgt oft nicht mal eine hundertstel Sekunde. Und Rekorde fallen selten, wie der Frauenweltrekord von Griffith-Joyner.

Leider ist der Hundertmeterlauf auch eine sehr dopingträchtige Sportart. Immer wieder bestätigt sich bei großartigen Läufern der Verdacht auf Doping, wie bei der Amerikanerin Marion Jones, die 2000 in Sydney über 100 Meter und über 200 Meter die **Goldmedaille** machte. Oder bei dem Kanadier Ben Johnson, der 1988 in Seoul mit 9,79 Sekunden den Weltrekord allzu mühelos knackte. Beiden Sportlern wurden ihre Goldmedaillen nachträglich aberkannt.

! Der legendäre amerikanische Leichtathlet Jesse Owens schaffte die 100 Meter 1936 in Berlin in 10,2 Sekunden – ein Rekord, der 20 Jahre unerreicht blieb.

- **Usain Bolt** lief den Weltrekord von Peking mit offenem Schnürsenkel.
- Manch ein **Weltrekord** hat jahrzehntelang Bestand.
- Wie viel ist eigentlich eine **Goldmedaille** wert?

HUNDESCHLITTENRENNEN – Auf den Spuren der Goldsucher

Das härteste Hundeschlittenrennen der Welt ist der Yukon Quest in Alaska. Jedes Jahr im Februar, wenn das Thermometer in Alaska auf Temperaturen von unter 40 Grad Celsius sinkt und es nur wenige Stunden Tageslicht gibt, findet zwischen Fairbanks und Whitehorse das 1000-Meilen-Rennen der Hundeschlitten statt. Der Weg führt über den ehemaligen Winter-Trail der Goldsucher. Auf den 1600 Kilometern müssen die Hunde die beladenen Schlitten über verkarstetes Eis, zugefrorene Flüsse und unwegsame Gebirgszüge zerren. Die Schlitten fahren Tag und Nacht. Der Rhythmus lautet: 4 Stunden Fahrt, 4 Stunden Pause.

Nur erfahrene Gespanne dürfen zum Yukon Quest antreten. Denn in den zwei Wochen sind die Teilnehmer ganz auf sich gestellt. Auch wenn es zehn Checkpoints zum Proviantaufnehmen und Schlafen gibt: Wer auf der Strecke Probleme bekommt, muss sie selbst lösen. Bei den eisigen Temperaturen kann sich, wie auf einem **Achttausender,** schon ein nasser Handschuh zu einer Katastrophe auswachsen. Aber auch verletzte Hunde, ein **Muskelfaserriss,** ein zerbrochener Schlitten oder ein Irrweg, der im eiskalten Dunkel endet. Ankommen ist bei diesen harten Bedingungen schon viel. Es gehört viel Vorbereitung und Know-how dazu. Und wer die Goldgräberstadt Dawson City erreicht, hat gerade mal die Hälfte der Strecke geschafft. Die Hunde, die beim Yukon Quest teilnehmen, gelten als die durchsetzungsstärksten und härtesten der Welt.

! 2009 gewann der Wuppertaler Sebastian Schnülle den Yukon Quest. Er lebt seit 1997 in der Eislandschaft des Yukon.

! Bei Schlittenhunderennen sind, anders als beim Yukon Quest, nur ausgesuchte Schlittenhunderassen zugelassen. Sie finden in den Wintermonaten auch in Deutschland und Österreich statt.

☞ Wieso heißt die Gipfelregion bei **Achttausendern** eigentlich »Todeszone«?

☞ Was ist ein **Muskelfaserriss**?

HUNGERAST – Ausgepowert!

Zwar verspeisen **Ausdauersportler** an Wettkampftagen Berge von Nudeln zum Frühstück, um Kohlehydratreserven für den Tag aufzubauen. Trotzdem müssen sie während des Wettkampfes weiteressen. Nicht leicht, wenn man gerade einen **City-Marathon** läuft oder beim **Etappenrennen** steile Alpenpässe hochradelt. Doch wer das Essen vergisst oder vernachlässigt, dem droht der Hungerast. Die Leistung fällt stark ab, oft können die Sportler sich kaum noch auf den Beinen halten. Ihnen ist schwindelig und sie zittern am ganzen Körper.

Medizinisch ist der Hungerast eine extreme Unterzuckerung, weil alle Kohlehydratreserven aufgebraucht sind. Traubenzucker und Energieriegel helfen zwar gegen den Schwindel und gegen das Zittern. Aber zu seiner normalen Leistung wird ein Sportler mit Hungerast an diesem Tag nicht mehr zurückfinden.

Den Rekord im »Nebenher-Essen« halten sicher die Triathleten, die am Ironman auf Hawaii teilnehmen. Während des Wettkampfes, der aus 3,86 Kilometer Schwimmen, 180 Kilometer Radeln und einem Marathonlauf besteht, verzehren sie 8000 Kalorien. Das ist mehr als doppelt so viel, wie ein sportlicher Bauarbeiter am Tag zu sich nimmt. Außerdem müssen sie 8 Liter Flüssigkeit trinken.

☞ Welche Sportarten gehören zum **Ausdauersport**?

☞ Wie viele Läufer starten bei den großen **City-Marathons**?

☞ Bei **Etappenrennen** sorgen Wasserträger für Nahrungsnachschub.

FRIEDRICH LUDWIG JAHN – Turnvater

Was hatten die preußischen Beamten eigentlich gegen die Turnbewegung, die der berühmte »Turnvater Jahn« begründet hatte? Den Beamten von 1820 ging es nicht eigentlich ums **Turnen**, sondern um die politische Haltung der jugendlichen Turner. Deren Ziel war nämlich die Abschaffung von zwei Handvoll Fürsten, die Einheit Deutschlands und mehr Gleichheit fürs Volk. Die Obrigkeit hatte verständlicherweise was dagegen.

Weitere Ziele des Pfarrerssohnes Jahn waren »Kampf gegen Ausländerei«, ein »Großdeutschland« mit Holland, Schweiz und Dänemark und der Kampf gegen Pfaffen und Juden. Kein Wunder, dass die Nazis sich 100 Jahre später gern auf den »Turnvater« als Vordenker ihrer Ideen beriefen. Entsprach doch die Turnbewegung außerdem dem Ziel, »die Jugend für den Kampf zu ertüchtigen«, hier gegen die Truppen der Obrigkeit, dort gleich gegen die ganze Welt.

Aber auch die Turn- und Sportverbände verehren Jahn als ihren Gründungsvater. Denn schließlich brachte er der Jugend nicht nur das Politikmachen bei. Er erfand den Turnplatz, auf dem die Jugend sich zum Fechten, **Geräteturnen**, **Klettern**, Pferdspringen und Laufen traf. Auf ihn gehen die ersten Turnübungen zurück. Er ging mit den Jugendlichen wandern und schwimmen. Viele Turnhallen heißen nach dem Gründungsvater des Turnens »Jahn-Hallen«.

! Der erste Turn- und Versammlungsplatz der Turnfreunde war 1811 auf der Berliner Hasenheide.

☞ Was zählt alles zum **Turnen**?

☞ Jahns **Geräteturnen** hat bis heute überlebt.

☞ Seit den 1980er-Jahren ist **Klettern** wieder Trend.

JUDO – »Der sanfte Weg«

Normalerweise hat, wer fällt, schon verloren. Nicht so beim Judo.
Das Motto beim Judo heißt »Siegen durch Nachgeben«. Das funktioniert ungefähr so: Du wehrst dich nicht gegen den Angriff deines Gegners, sondern nutzt die Stoßrichtung der Attacke, um den Angreifer zum Beispiel selbst zu Boden zu befördern. Im Ergebnis kann so ein schwächerer Kämpfer durchaus den Stärkeren besiegen. Erlaubt sind im Judo Wurf- und Grifftechniken, Armhebel, Halte- und Würgegriffe, ebenso wie im brutalen altgriechischen **Pankration**. Verboten sind im Judo jedoch Tritte und Schläge.
Ein Kampf ist gewonnen, wenn einer der beiden Judoka den anderen auf den Rücken wirft. Gelingt dies nicht, wird der Kampf, wie auch im **Boxen,** nach Punkten entschieden.
Anders als beim Wettkampf sind die Rollen im Training klar verteilt. Hier spielt ein Trainingspartner den Angreifer, der sich zu Boden werfen lassen muss.
Judo geht, ebenso wie **Karate,** auf die geheime Kampftechnik Ju-Jutsu der japanischen Samurai-Ritter zurück.

! Judo ist in Deutschland eine sehr beliebte Sportart. Viele Jugendliche halten sich mit Judo fit.

! Der Reutlinger Ole Bischof gewann für Deutschland in Peking olympisches Gold im Halbmittelgewicht bis 81 Kilo.

☞ Weglaufen war beim altgriechischen **Pankration** nicht erlaubt.

☞ Auch im **Boxen** gibt es einen Sieg nach Punkten.

☞ **Karate** erfanden die Samurai-Ritter für den Fall, dass ihnen beim Kampf die Waffe aus der Hand geschlagen wurde.

KAMPFSPORT – Im Zweikampf punkten

Beim Kampfsport treten zwei Sportler gegeneinander an, die unter der Aufsicht eines Schiedsrichters um den Sieg kämpfen. Meistens geht es dabei um den Sieg nach Punkten. Beim Boxen der Profis jedoch gehören Verletzungen und der K.-o.-Sieg zum Kampf dazu.
Kampfsportarten sind meist schon sehr alt. Pankration, Boxen und Ringen etwa waren schon bei den Olympischen Spielen der Antike vertreten. Die ältesten Abbildungen von Fechtern finden sich gar schon bei den alten Ägyptern. Die heutigen Fechtwaffen, wie Degen und Florett und damit das Fechten in der heutigen Form, sind dagegen erst im ausgehenden Mittelalter erfunden worden. Wiederbelebt wurde das Fechten zur Zeit der Preußen von Turnvater **Jahn.**
Auch Kampfsportarten aus Asien sind bei uns sehr beliebt. Ihren Ursprung haben die asiatischen Kampfsportarten im **Kung-Fu**, das seit 525 im chinesischen Shaolin-Kloster gelehrt wurde.
Die Samurai, eine Art japanischer Ritter, übten sich im Ju-Jutsu, im **Karate** und im Kendo. Und auch Judo geht, als eine abgewandelte Form des Ju-Jutsu, letztlich auf die Samurai zurück.

☞ Welche Sportarten betrieben die Turner von Turnvater **Jahn** auf der Berliner Hasenheide außerdem?
☞ Was hat der Kampfsport **Kung-Fu** mit stillem Sitzen zu tun?
☞ Was heißt **Karate**?

KARATE – Waffenlos

Bestimmt kennst du den Handkantenschlag, mit dem man sogar Ziegelsteine zerschlagen kann. Diesen Hieb und andere Schlag-, Tritt- und Stoßtechniken mit Händen und Füßen lernst du im Karate. Außerdem das Wissen über die Stellen am menschlichen Körper, an denen Schläge und Tritte am meisten verletzen. Karateschläge können, wie auch die Hebel und Griffe des altgriechischen **Pankration,** töten. Deswegen dürfen sich die Gegner im Wettkampf nur leicht oder gar nicht berühren.

Karate heißt »leere Hand«. Die Kampftechnik geht, wie auch **Judo**, auf die Samurai zurück. Das sind Krieger, die für den japanischen Adel kämpften, und zwar schon lange vor dem Ritterwesen in Europa. Karate ermöglichte den Samurai, auch dann noch weiterzukämpfen, wenn ihnen bereits die Waffe aus der Hand geschlagen worden war oder wenn sie unbewaffnet waren und aus dem Hinterhalt angegriffen wurden.

Zum Karate gehört nicht nur der Körper, sondern auch der Kopf. Hier lernst du neben dem Kämpfen Respekt, Disziplin und Achtsamkeit.

Wie viele fernöstliche Kampfsportarten hat das Karate seine Wurzeln im **Kung-Fu**.

☞ Was ist eigentlich **Pankration**?

☞ Beim **Judo** kommt es nicht auf Schläge, sondern auf Festhalten und Werfen an.

☞ In welchem Kloster wurde vor fast 1500 Jahren das **Kung-Fu** erfunden?

KARTFAHREN – Rennprofis von morgen

Wenn du vorhast, später einmal Rennfahrer zu werden, solltest du dich nach einer Kartbahn in deiner Nähe erkundigen. Denn das Kartfahren ist der Einstieg in den **Autorennsport**. Auch der berühmte **Michael Schumacher** fuhr seine ersten Rennen mit dem Kart. Außerdem sind dort oft **Talentscouts** unterwegs.

In den Bambini-Karts fahren schon Kinder ab 4 Jahren. Die Karts für die Großen werden bis zu 130 Stundenkilometer schnell. Jedoch wird diese Geschwindigkeit selten erreicht, da die Kartstrecken sehr enge Kurven haben. Da kommt es eher auf gutes Kurvenfahren als auf Geschwindigkeitsrekorde an.
Karts haben übrigens dieselben Reifen wie die Wagen in der **Formel 1**. Beim Rennen werden sie weich und kleben an der Straße, so dass sie eine optimale Bodenhaftung haben.

- Welche Autos sind die schnellsten beim **Autorennsport**?
- **Michael Schumacher** hält heute auf den Kartbahnen als **Talentscout** die Augen offen.
- Die **Formel 1** ist die Königsklasse des Autorennsports.

KITESURFEN – Abheben erlaubt

Wenn du bei hohen Windgeschwindigkeiten schon mal einen Lenkdrachen (auf Englisch *kite*) in der Hand hattest, weißt du, mit welchen Kräften der Wind an den Leinen reißt. Je größer der Drachen, umso größer ist die Gefahr abzuheben. Genau das machen sich die Kitesurfer zu Nutze.
Kitesurfen ist eine Art **Windsurfen** mit Lenkdrachen statt mit Segel. Das Surfbrett ist verkleinert. Den Lenkdrachen halten Kitesurfer mit den Händen, zusätzlich ist er an ihrem Körper befestigt. Er gleicht einem verkleinerten **Gleitschirm**. Wenn die Windgeschwindigkeit hoch ist, der Wellengang auch, dann kann's losgehen. Abheben ist erwünscht.
Aber aller Anfang ist schwer. Du brauchst 10 Trainingsstunden an windreichen Tagen am Meer. Danach fährst du mit etwas Glück deine ersten 10 Meter auf dem Wasser, ehe du wieder hineinfällst. Vom Wenden,

Gegen-den-Wind-kreuzen oder gar Springen kann da noch keine Rede sein.
Gute Kitesurfer fliegen bis zu 15 Meter hoch und bis zu 40 Meter weit. Ein gelungener Flug kann bis zu 10 Sekunden dauern. Gefährlich wird das Kitesurfen, wenn der Drachen den Kiter Richtung Land trägt.
Kiter lassen sich von ihrem Lenkdrachen auch auf **Skiern** und auf dem **Snowboard** durch den Schnee ziehen.

! Mit nur 10 Jahren holte sie ihren ersten Weltmeistertitel im Kitesurfen: Gisela Pulido aus Spanien.

☞ Mehr übers **Windsurfen** erfährst du auf S. 164.
☞ Wie funktioniert eigentlich das **Gleitschirmfliegen**?
☞ Woher kommt das Wort **Ski**?
☞ Welche Wettkämpfe gibt es im **Snowboardfahren**?

KLETTERN – Der Weg ist das Ziel

Bestimmt hast du dich schon mal auf einem Schulhof oder Kinderspielplatz an den schmalen Griffen einer Kletterwand emporgearbeitet. Der Trick dabei ist, möglichst eng an der Wand zu kleben, so dass du den größten Teil deines Gewichts an die Tritte abgeben kannst. Beim Weiterklettern suchst du nur mit einer Hand oder einem Fuß den nächsten Vorsprung. Wichtig ist, dass du dich an den drei anderen Punkten sicher festhältst und stehst. Danach erst suchst du den nächsten Griff oder Tritt.
Beim Sportklettern ist, anders als beim technischen Bergsteigen auf einen **Achttausender**, der Weg das Ziel. Es geht darum, einen bestimmten Felsabschnitt oder eben die Wand in der Kletterhalle zu durchklettern. Hilfsmittel wie Haken, Karabiner und Seil dienen nicht dazu, sich am Fels hochzuziehen, sondern dazu, den Sturz abzusichern.

Nur die Free Solo Climber klettern ganz ohne Sicherung und unter höchstem Risiko am Fels – ein **Extremsport.**

- Heute gibt es in fast jeder Stadt Kletterhallen.
- Viele der weltbesten Kletterer sind sehr jung, oft sind sie nicht älter als 15 Jahre.
- Im topfebenen Holland gibt es 40 000 Sportkletterer.
- ☞ Wie fühlt es sich eigentlich an, auf einen **Achttausender** zu klettern?
- ☞ Was sind **Extremsportarten**?

KLIPPENSPRINGEN – Freier Fall

Wenn ein Klippenspringer beim Sprung seine Arme nicht eng genug am Körper hält, kugelt er sich die Schulter aus oder bricht sich die Finger. Aus 20 bis 30 Metern Höhe stürzen Klippenspringer sich kopfüber von den Felsen ins Wasser. Die Wasseroberfläche fühlt sich bei 90 Stundenkilometern so hart an wie Beton. Es tut immer weh, unten anzukommen, egal wie perfekt ein Springer eintaucht. Die größte Belastung für den Körper entsteht beim Bremsen, wenn der obere Körperteil noch mit 90 Stundenkilometern durch die Luft rast und der untere innerhalb von 3,5 Metern auf null abgebremst wird.

Damit der Körper diese hohen Belastungen aushält, machen Klippenspringer **Kraftsport**, sie betreiben **Ausdauersport,** wie Joggen, und fahren Rad. Die Figuren, zum Beispiel Salti und **Schrauben**, üben sie wie Turmspringer im Sprungbecken und auf dem Trampolin. Wettkampfhöhe bei den Klippenspringern sind 13 bis 22 Meter. Weltmeister Orlando Duque aus Mexiko springt sogar aus einer Rekordhöhe von 34 Metern, der Höhe eines zwölfstöckigen Hochhauses.

! Weltmeister Duque ist jahrelang in einem österreichischen Freizeitpark als Clown aus 25 Metern Höhe in ein brennendes Becken gesprungen.

☞ Was tut ein **Kraftsportler** für den Muskelaufbau?

☞ Welche Sportarten gehören zum **Ausdauersport**?

☞ Was ist eigentlich eine **Schraube**?

DIE KLITSCHKO-BRÜDER – Vitali und Wladimir

Jahrelang haben die Klitschko-Brüder dafür gekämpft, gegen die Schwergewichts-Weltmeister der beiden angesehensten **Boxverbände**

anzutreten. Doch man ließ sie nicht. Die Funktionäre von WBA und WBC hatten Angst, dass die Boxer aus ihren eigenen Boxställen gegen die Riesen aus der Ukraine verlieren würden.
Zu Recht. Als Vitali 2003 doch gegen den amtierenden WBC-Weltmeister Lennox Lewis im Ring stand, brach der **Schiedsrichter** den Kampf ab. Die einen sagen, um Vitalis Gesundheit zu schützen, die anderen, weil Vitali auf dem Weg war, Lewis nach Punkten zu besiegen. Ein Jahr später erboxte er sich schließlich doch den Weltmeistertitel der WBC. Nach einer langen, verletzungsbedingten Pause, in der er den Gürtel wieder abgeben musste, errang Vitali den WBC-Gürtel erneut und gab ihn seitdem nicht mehr her.
Jetzt hofft sein jüngerer Bruder Wladimir auf die Chance, sich endlich den Weltmeistertitel der WBA zu erboxen. In Fachkreisen gilt er bereits jetzt als bester Schwergewichtsboxer der Welt, wie einst der unvergessene **Muhammad Ali**. Doch bisher wartet er vergeblich. Im Boxen geht es nämlich um sehr viel Geld. Und die WBA-Funktionäre haben wenig Lust darauf, dass »ihr« Weltmeister von dem Ukrainer k. o. geschlagen wird. Der Kampf, in dem Klitschko im Juni 2009 den WBA-Weltmeister Chagayev mit technischem K. o. besiegt hat, zählt nicht, sagen die WBA-Funktionäre. Wladimir wartet weiter.

! Vitali wurde 1971 geboren. Sein Bruder Wladimir ist 5 Jahre jünger.

! Beide Klitschko-Brüder sind Doktor der Sportwissenschaft. Zu Vitalis Hobbys gehört Lesen.

☞ Welches sind eigentlich die wichtigsten **Boxverbände**?

☞ Wenn viel Geld im Spiel ist, lohnt sich die **Schiedsrichterbestechung**.

☞ Wieso nahm die Karriere von **Muhammad Ali** ein jähes Ende?

KRAFTSPORT – Von Doping und Schnitzeln

Kraftsportler müssen **Muskeln** aufbauen. Denn Muskeln sind entscheidend für den Erfolg in Kraftsportarten. Trainiert wird viel im Kraftraum. Auch das Essen spielt eine wichtige Rolle: Schnitzel und Eier stehen täglich auf dem Speiseplan. Der Körper soll schließlich Muskelmasse aufbauen, ohne dabei allzu viel Fett anzusetzen.

Doping ist im Kraftsport ein großes Problem, denn den Muskelaufbau kann man sehr gut über Medikamente erreichen.

Zum Kraftsport gehören Bodybuilding, Gewichtheben, Armdrücken, Tauziehen und die schottischen **Highland Games**.

Krafttraining zum Muskelaufbau spielt übrigens für so gut wie alle Sportarten eine Rolle, vom **Beachvolleyball** bis zur **Formel 1**.

! Um bei einem Mädchen zu landen, helfen dir deine Muskelpakete übrigens kein bisschen weiter. Besser: eine Einladung zum Eis oder einfach mal zusammen spazieren gehen.

☞ Ist jemand, der vor **Muskeln** strotzt, eigentlich in allen Sportarten gut?

☞ Baumstammwerfen und Wackersteineschleppen sind die Disziplinen bei den **Highland Games**.

☞ Mehr über **Beachvolleyball** erfährst du auf S. 23.

☞ Wie schnell ist eigentlich ein **Formel-1**-Rennwagen?

KUNG-FU – »Geduldiges Üben«

Der Kampfstil Kung-Fu hat viel mit buddhistischer Religion zu tun und mit Meditation, beziehungsweise damit, stundenlang unbeweglich auf dem Boden zu sitzen. Probier das stille Sitzen mal 10 Minuten aus. Dann wirst du schnell merken, wie bald dir alles wehtut. So ging es auch den

Mönchen des Klosters Shaolin in China. Dabei saßen die ja viel länger als bloß 10 Minuten.
Um den Körper für die Meditation zu stärken, dachte der Mönch Bodhidharma sich gymnastische Übungen aus, die »18 Wege des Shaolin«. Dazu kamen im Lauf der Zeit Kampftechniken. Durch Kung-Fu, was so viel bedeutet wie »geduldiges Üben«, wurden die Mönche so gute Kämpfer, dass sie im Jahr 728 dem bedrohten Kaiser von China als Wunderwaffe zur Seite standen. Dazu muss man wissen, dass Kung-Fu, ernsthaft angewandt, einen Gegner innerhalb von Sekunden tötet. Durch die Dienste, die die Shaolin-Mönche dem Kaiser erwiesen hatten, wurden sie sehr berühmt und ihre Kampfkunst gefürchtet.
Aus dem Kung-Fu sind eine Reihe asiatischer Kampfstile entstanden, wie **Karate** und **Judo**.

Chinesisches Schriftzeichen für Kung-Fu

- Die Kung-Fu-Schulen von heute lehren zum Glück nicht mehr das Töten des Gegners.
- Die Geschichte des Shaolin-Klosters beginnt 495 nach Christus, also zu der Zeit, als Europa von Goten und Vandalen heimgesucht wurde.
- Mehr über **Karate** erfährst du auf S. 85.
- Im **Judo** lernst du zuallererst das Fallen.

KÜNSTLERISCHER AUSDRUCK – Nebulös

Was es ist, können wohl nicht mal die Preisrichter genau sagen: der künstlerische Ausdruck. Dabei spielt er in vielen Sportarten eine wichtige Rolle: beim **Freestyle** im **Snowboard**, beim **Geräteturnen**, Eiskunstlauf, beim Ballett, beim Tanzen überhaupt, beim Turmspringen und Synchronschwimmen. Überall dort, wo es eine Bewertung nach Punkten gibt.
Der eine hat es eben – wie die ehemalige Eiskunstläuferin Katarina Witt –, der andere hat es nicht – wie die Eiskunstläuferin Tonya Harding, die durch den **Eisenstangenskandal** bekannt wurde. Wer es nicht hat, kann versuchen sich bei den besser bewerteten Gegnern alle Bewegungen abzugucken und sie in die eigene Vorführung einzubauen. Meist ist das Ergebnis jedoch eine Sportvorführung ohne künstlerischen Ausdruck mit geklauten Bewegungen.
Vielleicht kann man es so erklären: Eine akrobatische Vorführung, die ganz nah an dich rankommt, die dir eine Geschichte erzählt und dich verzaubert zurücklässt, die hatte künstlerischen Ausdruck!
Bei Preisrichtern läuft der künstlerische Ausdruck übrigens seit einiger Zeit unter dem Begriff »künstlerischer Gesamteindruck«.

! Weil niemand so richtig sagen kann, was denn genau den künstlerischen Ausdruck ausmacht, ist der Schummelei der Preisrichter beim künstlerischen Ausdruck natürlich Tür und Tor geöffnet.

☞ Was ist eigentlich **Freestyle**?

☞ Mehr über **Snowboarden** erfährst du auf S. 137.

☞ Welche Disziplinen gehören zum **Geräteturnen**?

☞ Was war der **Eisenstangenskandal**?

PHILIPP LAHM – Als Abwehrspieler ganz groß

Der Münchner Philipp Lahm war, wie der begnadete **Lionel Messi,** immer einer der Jüngsten und Kleinsten seines Jahrgangs. Bloß 1,70 Meter misst er – und gilt, so wie **Birgit Prinz,** als einer der ganz wenigen deutschen Fußballer, die zur Weltspitze gehören.

Schon seit der U12 spielte Philipp Lahm für den FC Bayern München – erfolgreich. Doch bei den Großen mitmachen durfte er zuerst mal nicht. Es waren die Stuttgarter, die erkannten, was für ein begnadeter Spieler bei den Bayern in der Regionalliga verschlissen wurde – und liehen sich den mittlerweile 20-Jährigen für 200 000 Euro auf zwei Jahre aus. Eine Entscheidung, die ihr Geld wert war. 53 Bundesligaspiele und sieben Champions-League-Begegnungen später kickte Lahm, mittlerweile Stammspieler der Nationalmannschaft, wieder bei den Bayern in der Regionalliga. Doch im November 2005 bekam er seine Chance in der ersten Mannschaft – und nutzte sie. Lahm gehört heute zum festen Kader des FCB und trotzt den Abwerbeversuchen ausländischer Spitzenmannschaften. Zum Glück für alle FCB-Fans ist München seine Traumstadt.

Lahms Vertrag beim FCB läuft noch bis 2012.

Als Kind wollte Philipp Lahm Bäcker werden, wegen des frühen Feierabends. Denn da bleibt am Nachmittag genügend Zeit fürs Kicken.

☞ Für wen spielt eigentlich **Lionel Messi**?

☞ Die Fußballerin **Birgit Prinz** knackte gleich eine ganze Reihe von Rekorden.

LANGSTRECKENLAUF – Köpfchen gehört dazu

Als Langstrecke gelten die Distanzen über 5000 Meter und 10000 Meter bis hin zum **Marathon**. Die Langstreckenläufe werden seit Jahren von Kenianern und Äthiopiern beherrscht. Sportjournalisten führen dies darauf zurück, dass viele Kenianer und Äthiopier als Kinder täglich 10 bis 15 Kilometer zur Schule und wieder zurück laufen mussten und sich so schon früh auf der langen Strecke trainiert haben. Andere meinen, es wären die **Gene**.

Taktik gehört zu einem Langstreckenlauf dazu. So ist es wichtig, das Rennen nicht zu schnell anzugehen, da die Kraft zum Beispiel beim Zehntausendmeterlauf für 25 Laufrunden reichen muss.

Auf den letzten Stadionrunden belauern sich die Läufer gegenseitig. Wer den Sprint als Erster angeht, zieht oft die anderen in seinem »Windschatten« mit. Eine undankbare Aufgabe! Denn diese Läufer werden auf den letzten Metern meist von ihren Verfolgern übersprintet. Besonders fatal ist es, wenn ein sehr schneller Läufer zwischen den anderen im Feld »eingeklemmt« wird, so dass er auf einer hinteren Position laufen muss und dabei viel Zeit verliert.

In den 1990ern feierte der Schwabe Dieter Baumann viele Siege auf der Langstrecke. Man nannte ihn den »weißen Kenianer«.

! Der Olympiasieger von Peking, der Äthiopier Kenenisa Bekele, lief die 10000 Meter in 27:01,7 Minuten. Das entspricht einer Durchschnittsgeschwindigkeit von 22,22 Stundenkilometern.

! Die Olympiasiegerin, die Äthiopierin Tirunesh Dibaba, schaffte die 10 Kilometer in 29:54,56 Minuten.

☞ **Marathon** – keine Erfindung der Griechen, sondern der Prinzessin von Wales.

☞ Entscheiden am Ende die **Gene,** ob du ein guter Sportler wirst?

LANGSTRECKENSCHWIMMEN – Natalie du Toit

Das Langstreckenschwimmen im offenen Gewässer ist eine Qual. Nicht nur, dass die **Schwimmer** 2 Stunden lang kraftvoll schwimmen und dabei mit dem Wellengang klarkommen müssen, darüber hinaus tobt unter Wasser auch noch ein Krieg um jeden Meter. Die Schwimmer rempeln, hakeln und treten einander. Sie ziehen sich gegenseitig zurück oder ganz unter Wasser.

Alles das konnte die 24-jährige Natalie du Toit aus Südafrika nicht davon abhalten, zum Zehnkilometerschwimmen in Peking anzutreten. Obwohl ihr seit einem Motorradunfall der linke Unterschenkel fehlt, schwamm sie auf Platz 16. Damit lag sie nur 1 Minute und 22,2 Sekunden hinter der Goldmedaillengewinnerin. Nathalie du Toit ist die erste beinamputierte Athletin bei den Olympischen Spielen.

Nach ihrer erstaunlichen Leistung bei Olympia trat Natalie du Toit ein weiteres Mal in Peking an, diesmal zu den **Paralympics**. Hier gewann sie im Kraul, im Delfin und im Lagenschwimmen insgesamt fünf Goldmedaillen und zählt damit zu den erfolgreichsten behinderten Sportlerinnen aller Zeiten.

☞ Mehr übers Training von **Schwimmern** erfährst du auf S. 127.

☞ Wann finden eigentlich die **Paralympics** statt?

LEICHTATHLETIK – Laufen, Springen, Werfen

Die Wettkämpfe in der Leichathletik gehen auf die natürlichen Bewegungen des Menschen – Laufen, Springen, Werfen und Stoßen – zurück. Es gibt insgesamt 30 verschiedene Disziplinen. Als König der Leichathletik gilt der Sieger im **Zehnkampf**.

Dass Leichtathletik heute wieder als Grundlagensport angesehen wird, haben wir den Briten zu verdanken. Sie führten im 19. Jahrhundert Leichtathletikwettkämpfe an Schulen und Universitäten ein. Als 1896 die ersten **Olympischen Spiele der Neuzeit** stattfanden, hatte sich die Leichtathletik weltweit verbreitet. Sie gehörte, wie schon bei den Olympischen Spielen der Antike, zu den wichtigsten Sportarten der Spiele. Heute ist Leichtathletik fester Bestandteil des Sportunterrichts an den Schulen.

Die wichtigsten Wettkämpfe neben den Olympischen Spielen sind die Weltmeisterschaften, die alle 2 Jahre, in ungeraden Jahren, stattfinden. Bei den Hallenweltmeisterschaften, alle 2 Jahre in geraden Jahren, werden nur Bestleistungen anerkannt. Rekorde werden nur im Freien gewertet.

! Zur Schwerathletik gehören Ringen, Rasenkraftsport, Sportakrobatik und Gewichtheben.

☞ Warum ist der **Zehnkampf** eigentlich so angesehen?

☞ Wo fanden die ersten **Olympischen Spiele der Neuzeit** statt?

MANAGER – Geld und Macht

Ein Sportmanager besetzt die Schaltstelle zwischen Geld und Sport. Er kümmert sich um die Finanzen, erschließt neue Geldquellen und entscheidet, wie das Geld ausgegeben wird. Zum Beispiel beim **Handball** und beim **Eishockey** ist er derjenige, der die Spieler verpflichtet – idealerweise in Absprache mit dem Trainer! Er kümmert sich um Werbepartner, mit deren Hilfe er zum Beispiel ein neues Stadion finanzieren kann. Er besorgt die **Trikotwerbung** und bewirkt so manches **Fußballwunder**. Je mehr wichtige Leute der Manager kennt, umso besser für den Verein. Denn Informationen und Beziehungen sind für einen Manager das A und O.

Ein sehr bekannter Manager ist Uli Hoeneß, der 30 Jahre lang beim FC Bayern München dafür sorgte, dass die Finanzen stimmten und die Sprünge immer größer werden konnten. Ungewöhnlich jedoch war, dass er als Manager die Arbeit des Trainers von der Trainerbank aus bewachte.

! Zwischen Manager und Trainer herrscht oft ein angespanntes Verhältnis, weil der Manager zum Beispiel über Spielereinkäufe dem Trainer ins Handwerk pfuschen kann.

☞ Welches sind die wichtigsten Wettkämpfe im **Handball**?
☞ Wie schnell rasen **Eishockey**spieler übers Eis?
☞ Wie viel Geld bekommt der FC Bayern für seine **Trikotwerbung**?
☞ Nicht unumstritten ist das **Fußballwunder** von Hoffenheim.

MARATHON – Eine Legende

Der Eilbote, der den Athenern 490 vor Christus den Sieg der Griechen über die Perser verkündet hat, gehört ins Reich der Legende. Und auch die Entfernung zwischen Marathon und Athen beträgt nicht 42,195 Kilometer, so wie die Strecken bei den heutigen **City-Marathons**. Von Marathon nach Athen sind es bloß knappe 40 Kilometer. Die heutige Distanz geht auf die **Olympischen Spiele** 1908 in London zurück. Damals beharrte die Prinzessin von Wales nämlich darauf, dass der Start des Laufes vor ihrem Palastfenster in Windsor stattzufinden hatte. So geschah es und die krumme Kilometerzahl wurde für den Marathon Gesetz.

☞ Wie viele Läufer nehmen an den großen **City-Marathons** teil?
☞ Wann fanden die ersten **Olympischen Spiele der Neuzeit** statt?

MEDAILLENSPIEGEL – Die besten Olympioniken

Die erfolgreichste deutsche Olympiateilnehmerin ist die Kanurennsportlerin Birgit Fischer mit 8 Gold- und 3 Silbermedaillen. Die ersten drei ihrer **Goldmedaillen** gewann sie vor 1989, also eigentlich als Sportlerin der DDR. Auch die zweiterfolgreichste Deutsche startete für die DDR: Die Sportmoderatorin Kristin Otto erschwamm 1988, bei einer einzigen Olympiade, 6 Goldmedaillen. Auf Platz drei der erfolgreichsten Deutschen liegt die **Dressurreiterin** Isabell Werth. Von 1992 bis 2008 gewann sie 5 Gold- und 3 Silbermedaillen, teils in Einzelwettbewerben, teils mit der Mannschaft.

Erfolgreichster Olympionike der Welt ist seit 2008 der Schwimmer **Michael Phelps** mit 14 Gold- und zwei Bronzemedaillen.

Auf Platz 2 liegt die Ukrainerin Larissa Latynina, die im Turnen von 1956 bis 1964 neunmal Gold, fünfmal Silber und viermal Bronze gewann. Platz 3 hält der Langstreckenläufer Paavo Nurmi. In den 1920ern gewann er für Finnland neunmal Gold und dreimal Silber. Erst auf Platz vier folgt der amerikanische Schwimmer Mark Spitz, der 1968 und 1972 neun Gold-, eine Silber- und eine Bronzemedaille gewann. Auf Platz fünf der weltbesten Olympioniken liegt der Leichtathlet Carl Lewis, der 1984 bis 1996 neun Gold- und eine Silbermedaille für die USA im Sprint und im Weitsprung gewann.

☞ Was ist eine **Goldmedaille** eigentlich wert?
☞ Das **Dressurreiten** dient dem Verständnis von Pferd und Reiter.
☞ Mehr über **Michael Phelps** erfährst du auf S. 114.

LIONEL MESSI – Stürmerstar

Er umdribbelt die großen Fußballstars, als wären sie Fahnenstangen, und schießt ein Tor nach dem anderen: Lionel Messi, der vielversprechendste Jungstar der Fußballwelt.
Man nennt ihn »El Pulgo«, den Floh, denn auf Grund einer Wachstumsstörung war Lionel als Junge für sein Alter immer viel zu klein. Mit 13 Jahren maß er erst 1,40 Meter. Die Jugendmannschaften seines Heimatlandes gaben dem zierlichen Kicker keine Chance. Aber ein **Talentscout** vom FC Barcelona, der durch Argentinien tourte, hatte ein Auge auf den Linksfüßer geworfen. Vater Messi traf eine Entscheidung. Die Familie wanderte aus und der Vater unterschrieb den Vertrag mit einem der besten Fußballvereine der Welt. Endlich konnte die Familie die Spritzen gegen Lionels Wachstumsstörungen bezahlen. Sie wirkten: 3 Jahre spielte Lionel Messi in der Jugendmannschaft von Barcelona. Und noch vor seinem 17. Geburtstag wurde Messi in die erste Mannschaft geholt.
Heute hat Lionel Messi ein Jahreseinkommen von 28,6 Millionen Euro. Er trägt die **Rückennummer 10**. Seine Ablösesumme liegt bei 150 Millionen Euro. Und die Argentinier sind glücklich, dass der begnadete Techniker und Torschütze in ihrer Nationalmannschaft kickt.

- Der argentinische Nationaltrainer, Fußball-Legende Diego Maradona, sagt von Messi: »Er ist mein Nachfolger.«
- Lionel Messi wurde am 24. Juni 1987 in Argentinien geboren.
- In Südamerika suchen die **Talentscouts** vieler großer europäischer Vereine nach jungen Superstars.
- Welche Bedeutung hat die **Rückennummer 10**?

MUSKELFASERRISS – Ausgebremst

Wer kennt das nicht? Ein Fußballspieler wälzt sich am Boden. Doch kein foulender Gegner weit und breit. Der Trainer aber verdreht schon die Augen: Muskelfaserriss. Das heißt, der Spieler wird eine Weile ausfallen. Denn er darf fünf bis sechs Wochen keinen Sport machen.
Beim Muskelfaserriss ist der Muskel tatsächlich an einer Stelle gerissen. Unter der Haut kann man die Rissstelle als Delle erspüren. Immer ist er mit einem Bluterguss verbunden, der aber manchmal, wenn er zu tief im Muskel sitzt, nicht zu sehen ist.
Häufig kommt der Muskelfaserriss bei Sportarten vor, bei denen ein schneller Antritt zum Spiel dazugehört, wie beim Fußball, beim **Basketball** oder beim **Hockey**. Außerdem reißt der Muskel leicht beim kräftigen Schwungholen, wie beim Aufschlag im **Badminton** oder beim **Frisbee**-Spielen.

- Wie heißt die beste **Basketball**liga der Welt?
- Wie viele Spieler sind beim **Hockey** in einer Mannschaft?
- Mehr über **Badminton** erfährst du auf S. 19.
- Was kannst du alles mit deiner **Frisbee**-Scheibe machen?

MUSKELKATER – … kennt jeder

Früher dachte man, Muskelkater könnte man durch mehr Sport lindern. Stimmt nicht! Damit Muskelkater schnell vorbeigeht, solltest du lieber eine Weile mit dem Sport aussetzen. Und: Wärme tut gut, zum Beispiel ein warmes Bad.
Muskelkater tritt auf, wenn du neue, ungewohnte Bewegungen einübst. Das heißt, es kann einen Sportler genauso treffen wie einen Bewegungsmuffel. Außerdem bekommst du Muskelkater, wenn du deine Muskeln stärker anstrengst, als du es normalerweise tust.
Beim Muskelkater entstehen kleine Risse im Muskel. Anders als beim **Muskelfaserriss** kommt der Schmerz erst einen Tag später. Es ist ein Entzündungsschmerz, nur eben im Muskel. Dauern kann er bis zu einer Woche.
Übrigens: Damit Muskelkater erst gar nicht erst entsteht, hilft es, sich vor dem Sport durch leichte Bewegung aufzuwärmen.

☞ Weit schmerzhafter als ein Muskelkater ist der **Muskelfaserriss**.

MUSKELN – Dick ist chic

In jeder Sportart gehört Muskelaufbau zum Training dazu. Du baust deine Muskeln auf, indem du sie durch Benutzung trainierst. So bilden sich neue Muskelfasern. Schwimmen ist übrigens eine Sportart, bei der du sehr viele Muskeln auf einmal trainierst.
Am deutlichsten wird der Zusammenhang zwischen Training und Muskelaufbau bei Bodybuildern. Sie regen den Muskel mit dem Stemmen möglichst schwerer Gewichte zum Wachsen an. Dicke Muskeln gehen meist zu Lasten der Beweglichkeit. So sind indische Yogis, die schier unglaubliche Verrenkungen schaffen, drahtige, dünne Leute. Ebenso ist es

bei **Ballett**tänzerinnen. Ein Bodybuilder dagegen wird nur schwerlich eine **Schraube** oder einen Spagat schaffen.
Damit die Beweglichkeit beim Muskelaufbau erhalten bleibt, gibt es Dehnübungen.
Beim Training werden übrigens nur spezielle Fähigkeiten des Muskels trainiert, die genau einem bestimmten Sport dienen. Ein guter Langstreckenläufer ist zum Beispiel ganz schlecht für den Kugelstoß trainiert. Umso höher ist die Leistung der **Zehnkämpfer** einzuschätzen, die in verschiedensten Disziplinen gute Leistungen erbringen.

- ! Jede Muskelanspannung geht einher mit der Entstehung eines elektrischen Stromes.
- ! Liegestütze, Klimmzüge und Kniebeugen dienen dem Muskelaufbau, aber auch Bodenwischen, Fensterputzen, Unkrauthacken, Tapezieren, eben alle möglichen Arbeiten, die bei dir zu Haus anfallen.
- ☞ Bei **Ballett**tänzern paart sich Kraft mit großer Dehnfähigkeit.
- ☞ Wieso kommt der Turner bei einer **Schraube** eigentlich nicht völlig aus der Richtung?
- ☞ Zu welchen Disziplinen tritt ein **Zehnkämpfer** an?

DIRK NOWITZKI – Eingekauft

»Der Rummel ist mir manchmal peinlich«, sagt der bestbezahlte Sportler Deutschlands über den Wirbel, der weltweit um ihn gemacht wird. Eigentlich ist Dirk Nowitzki ein schüchterner Mensch. Die Gruppe war ihm immer wichtiger als das Einzelkämpfertum. Aus diesem Grund hat er sich in seiner Jugend gegen **Tennis** und für **Basketball** entschieden. Aber wie soll ein Mann in der Gruppe verschwinden, der 2,13 Meter groß ist, bei den Gegnern als gefährlichster Angriffsspieler bewacht wird und der einen Korbtreffer nach dem anderen landet?

Schon den **Talentscouts** der amerikanischen NBA, der besten Basketballliga der Welt, stach der deutsche Basketballspieler ins Auge. Das war 1998 und Nowitzki war damals gerade 19 Jahre alt. Auffallend für einen Basketballspieler seiner Größe sind Nowitzkis Stärken auf dem Feld und seine Treffsicherheit, auch bei Drei-Punkte-Würfen. Denn sehr große Spieler machen sonst häufig nur in Korbnähe eine gute Figur.

Man verpflichtete ihn als Spieler bei den Dallas Mavericks. Eine Sensation. Denn noch nie zuvor war ein Spieler aus der vergleichsweise unbedeutenden deutschen Liga direkt für die amerikanische Spitzenliga eingekauft worden! Eine Geldanlage, die sich für die Mavericks gelohnt hat.

Seit der Saison 2000/2001 hat Nowitzki sich zum besten Korbspieler der Mavericks entwickelt. 2007 erhielt er den Preis für den wertvollsten Spieler der NBA.

! 15,6 Millionen US-Dollar verdiente Dirk Nowitzki in der Saison 2007/2008 bei den Mavericks, 2010/2011 wird er 21,5 Millionen US-Dollar verdienen.

☞ Mehr über **Tennis** erfährst du auf S. 145.

☞ Woran bemisst sich der Wert eines Spielers im **Basketball**?

☞ Wie arbeiten eigentlich **Talentscouts**?

OLYMPIADE – Wortwechsel

Schon 500 Jahre vor Christus ärgerte sich der griechische Geschichtsschreiber Herodot, dass alle »Olympiade« sagten, wenn sie **»Olympische Spiele«** meinten. Und so ist es bis heute geblieben.
Denn in seiner ursprünglichen Bedeutung bezeichnet »Olympiade« den Zeitraum von 4 Jahren *zwischen* den Olympischen Spielen. Weil der Begriff aber von jedermann anders verwendet wird, hat sich neuerdings sogar die Dudenredaktion entschlossen, den Kampf aufzugeben und »Olympiade« als Bezeichnung für die »Olympischen Spiele« zuzulassen. In der Sprache entscheidet eben am Ende die Mehrheit, was richtig und falsch ist. Armer Herodot!

☞ Wo fanden die ersten **Olympischen Spiele der Antike** statt?

OLYMPISCHE SPIELE DER ANTIKE – Kriegswichtig

Bei den Griechen waren die Olympischen Spiele ein sportliches Fest zu Ehren der Götter, das alle 4 Jahre stattfand, im Abstand einer Olympiade. In ihren Anfängen, im Jahr 776 vor Christus, gab es neben den religiösen Feiern zunächst nur einen Laufwettbewerb über 192 Meter. Jedoch kamen mit der Zeit immer mehr Wettbewerbe hinzu.
Zum Programm gehörten kriegswichtige Fähigkeiten. Das waren zunächst die **Kampfsportarten** Ringen, Boxen und **Pankration.** Weiter Laufwettbewerbe, darunter ein Vierhundertmeterlauf in schwerer Rüstung, der Fünfkampf mit den Leichtathletik-Disziplinen Diskuswurf, **Weitsprung**, Laufen, Speerwerfen und Ringen. Schließlich noch Pferde- und Wagenrennen.
Der Sieger erhielt nicht allzu viel: einen Kranz aus den Zweigen eines heiligen Olivenbaums, außerdem eine Statue in Olympia mit seinem

eingravierten Namen. Doch danach hatte er für alle Zeiten ausgesorgt. Er wurde in seiner Vaterstadt wie ein Held gefeiert und beschenkt, durfte kostenlos mit den Ratsherren essen und brauchte nie wieder Steuern zu bezahlen. Die ganze Stadt war stolz, einen Olympiasieger in ihren Reihen zu haben.

- Der römische Kaiser Theodosius verbot 394 die Olympischen Spiele, weil sie ein heidnisches Fest waren.
- Der Sieger der Olympischen Spiele heißt auf Griechisch »Olympio-Nike«, Olympia-Sieger.
- Viele **Kampfsportarten** sind schon sehr alt.
- Was ist **Pankration**?
- Wie viele Meter musst du springen, um im **Weitsprung** zur Spitze zu gehören?

OLYMPISCHE SPIELE DER NEUZEIT – Weltumspannend

Neben der Fußball-WM und der Tour de France sind die Olympischen Spiele das größte Sportereignis der Welt. Jeder Leistungssportler träumt davon, einmal bei den Spielen dabei zu sein. Milliarden Menschen auf der ganzen Welt schauen zu. In **Peking** waren es 3,8 Milliarden Menschen, die die Wettkämpfe per Bildschirm miterlebten.

Wiedergeboren wurde die Idee der Olympischen Spiele Ende des 19. Jahrhunderts. Auslöser dafür war sicher nicht zuletzt die Begeisterung dieser Zeit für die griechische Antike. Der französische Baron Coubertin setzte sich dafür ein, dass 1896 in Athen die ersten Olympischen Spiele der Neuzeit stattfanden. Teilnehmen durften ausschließlich **Amateure**.

1924 kamen die **Olympischen Winterspiele,** im französischen Chamonix, hinzu. Seit 1960 treten außerdem behinderte Menschen zu den **Paralympics** an, die zwei Wochen nach den Olympischen Sommerspielen in denselben Stadien und Hallen ausgetragen werden.

Waren es ursprünglich neun **olympische Sportarten**, die bei den Spielen vertreten waren, so sind es heute 28.

- In welchem Jahr war **Peking** Olympiastadt?
- Wieso wollte Baron Coubertin nur **Amateure** bei den Olympischen Spielen zulassen?
- Mehr über die **Olympischen Winterspiele** liest du auf S. 110.
- Die **Paralympics** haben einen enormen Aufschwung im Behindertensport bewirkt.
- Hättest du gedacht, dass Sackhüpfen einmal **olympische Sportart** war?

OLYMPISCHE SPORTARTEN – Von Sackhüpfen bis BMX-Sport

Das Internationale Olympische Komitee entscheidet regelmäßig darüber, welche Sportarten bei Olympia zugelassen sind und welche nicht. **Snowboarden** zum Beispiel hat 1998 die Olympiaqualifikation geschafft, auch der **BMX-Radsport** ist olympisch. **Klettern** und **Kitesurfen** nicht. Einzelsynchronschwimmen, bei dem eine einzelne Schwimmerin synchron zu sich selbst und – ach ja! – zur Musik schwimmen muss, schaffte 1984 die Qualifikation und flog 1993 wieder aus dem Programm. Entscheidend ist, ob es genügend Publikum für eine Sportart gibt und ob sie für die Zuschauer interessant ist. Weittauchen hat zum Beispiel schlechte Chancen auf einen Olympiaplatz.

Zu den rausgekegelten olympischen Disziplinen gehören außerdem Sackhüpfen und Weitspucken, die 1904 in St. Louis, USA bei Olympia zu sehen waren. Das Pistolenduell, bei dem die Sportler auf lebensgroße Puppen schossen, wurde 1906 gleich nach seiner Einführung wieder abgeschafft. Auch das Taubenschießen war nur ein einziges Jahr, 1900 in Paris, olympisch. Damals gab es Gold für möglichst viele abgeschossene Pariser Stadttauben. Léon de Lunden erledigte 21 Tauben und holte Gold für Belgien.

☞ **Snowboarden** wurde auf den Skipisten lange misstrauisch beäugt.
☞ Mehr über den **BMX-Radsport** erfährst du auf S. 28.
☞ Was unterscheidet Sport-**Kletterer** von Bergsteigern?
☞ **Kitesurfen** ist Trend.

OLYMPISCHE WINTERSPIELE – In Schnee und Eis

Anfangs wurden die Olympischen Sommer- und Winterspiele im selben Jahr ausgetragen. Seit 1994 finden die Winterspiele 2 Jahre versetzt zu den Sommerspielen statt.
Bei den Winterspielen gibt es unter anderem Wettkämpfe im **Bob**-Rennen, im Eishockey, Eiskunstlauf und Eisschnelllauf, im **Rennrodeln** und in verschiedenen Skisportarten, sowie auch im **Snowboarden**.
Bei den Winterspielen ist das Wetter ein ständiges Thema. Gibt es zu wenig Schnee, kommen Schneekanonen zum Einsatz und ganze Lastwagenladungen von Schnee werden herangekarrt. Genauso kann es jedoch zu viel Schnee geben. Wenn es so stark schneit, dass der Fernsehzuschauer nichts mehr sieht, muss der Wettkampf abgebrochen werden. Abgesehen davon, dass natürlich auch die Sportler selbst, zum Beispiel Skirennläufer und Skispringer, auf gute Sicht angewiesen sind.
2010 finden die Olympischen Winterspiele im kanadischen Vancouver statt, 2014 im russischen Sotschi am Schwarzen Meer.

☞ Wer erfand das **Bob**-Rennen?
☞ Wer ist der erfolgreichste **Rennrodler** aller Zeiten?
☞ Mehr übers **Snowboarden** erfährst du auf S. 137.

PANKRATION – Auf Leben und Tod

Der altgriechische Kampf Pankration wurde für den Ernstfall auf dem Schlachtfeld geübt, nicht anders als zum Beispiel das japanische **Karate.** Ziel des Pankration war es, den Gegner kampfunfähig zu machen.

Nur die Besten durften bei den Olympischen Spielen der Antike gegeneinander antreten. Allerdings hatte nicht jeder Lust darauf. Denn so groß die Ehre war, bei den Spielen teilzunehmen – ein Antritt beim olympischen Pankration konnte bedeuten, dass man zum Krüppel geschlagen wurde oder gar starb.

Vor dem Wettkampf trainierten die Athleten lange für ihren Auftritt. Spezielle Schlag-, Stoß- und Tritttechniken wurden vorab an schweren, hängenden Ledersäcken trainiert. Ihre Kraft verbesserten die Kämpfer durch das Heben und Stoßen schwerer Steine.

Im Kampf waren **Boxen** und Schläge erlaubt, außerdem, wie im heutigen **Judo**, Ringen, Griffe und Würgen. Darüber hinaus durften die Kämpfer treten: in die Kniekehlen, in den Bauch, eben überallhin, wo es besonders wehtat. Nicht erlaubt waren dagegen Kratzen und Beißen. Weglaufen wurde als Feigheit vor dem Gegner bestraft. Pankration-Kämpfer schreckten auch vor dem Knochenbrechen und Armeausrenken nicht zurück. Sie erlernten die Technik, mit der sie dem Gegner den Hals brechen konnten.

! Pankration heißt auf Griechisch »Allkampf«.

! Es gibt Versuche Pankration so umzuwandeln, dass es wieder olympische Disziplin wird.

☞ Mehr über **Karate** erfährst du auf S. 85.

☞ **Judo** ist eine abgemilderte Form des japanischen Ju-Jutsu.

☞ Worauf kommt es eigentlich beim **Boxen** an?

PARALYMPICS – Leistungssport trotz Handicap

Die Paralympics gelten als das größte Sportereignis für behinderte Menschen auf der Welt. Parallel zu den Olympischen Spielen fanden 1960 die ersten »Weltspiele der Gelähmten« statt. Heute werden die Paralympics etwa zwei Wochen nach den Olympischen Spielen eröffnet.

Der Kreis der Teilnehmer hat sich seit den 1960er-Jahren stetig vergrößert. 4000 Sportler waren es, die 2008 in Peking an den Start gingen, davon 170 aus Deutschland.

Zu den 20 paralympischen Wettbewerben zählen **Rudern**, Rollstuhlbasketball, **Langstreckenschwimmen, Leichtathletik** oder Boccia. Bei den paralympischen Winterspielen treten die Sportler unter anderem zum Ski alpin und Schlitten-Eishockey an.

Die Teilnehmer der Paralympics leisten Außerordentliches. Da ist zum Beispiel Natalie Simanowski, die seit einem Messerattentat ihre Unterschenkel nicht mehr spürt. Sie gewann beim Bahnradfahren bei den Paralympics in Peking auf 500 Metern und auf 3000 Metern je eine Silbermedaille.

Oder die querschnittsgelähmte Schwimmerin Kirsten Bruhn, die zu den schnellsten »Handicap-Schwimmerinnen« der Welt zählt. Von Peking brachte sie einmal Gold, zweimal Silber und dreimal Bronze mit nach Haus.

Viele Paralympics-Teilnehmer haben schon vor ihrer Behinderung Leistungssport betrieben.

Für andere behinderte Menschen ist das Sportfest der Paralympics der Auslöser, um trotz »Handicap« in den Leistungssport einzusteigen.

! Die Sportler der Paralympics starten aufgeteilt in verschiedene Klassen der Behinderung, wie Rollstuhlfahrer, Sehbehinderte oder geistig Behinderte.

☞ Welches ist die bekannteste **Ruder**-Regatta?

☞ Das bekannteste Gesicht Südafrikas nach Nelson Mandela ist das einer **Langstreckenschwimmerin.**

☞ Mehr über **Leichtathletik** erfährst du auf S. 98.

PARKOUR – Verfolgungsjagd

Sie laufen Wände hoch, setzen im **Weitsprung** von Hausdach zu Hausdach, hangeln sich an Geländern und Balkons nach unten, springen auf den Boden, klettern über Zäune und rennen weiter. Parkour erinnert an eine Verfolgungsjagd oder an die Geländeausbildung der französischen Fremdenlegionäre.

Da hat diese Sportart tatsächlich ihre Ursprünge und daher stammt die Grundidee: Du versuchst möglichst schnell von A nach B zu gelangen und überwindest dabei die Hindernisse, die dir in den Weg kommen. Aber natürlich ist die Idee aus der freien Wildbahn längst dazu verwässert, dass der Läufer, der sogenannte *Traceur*, jedes Geländer und jede Mauer nutzt, um seine akrobatischen Techniken daran auszuprobieren.

Wie beim **Geräteturnen** braucht man viel Kraft für diesen **Trendsport**. Klimmzüge und riesige Sprünge gehören ebenso dazu wie der Salto. Anfänger trainieren Bocksprünge über städtische Papierkörbe, Rückwärtssprünge und Klimmzüge. Purzelbäume dienen dazu, die Wucht großer Sprünge abzuleiten.

! Im Internet gibt es Videos zum Parkour. Auf keinen Fall nachmachen!

! Traceur heißt auf Deutsch »Spurenleger«.

☞ Wo liegt der Weltrekord im **Weitsprung**?

☞ An welchen Geräten treten **Geräteturner** an?

☞ Was ist ein **Trendsport**?

PEKING – Olympiastadt 2008

Olympia 2008 in Peking wies eine ganze Reihe von großartigen Einzigartigkeiten auf. 11 126 Athleten traten in 302 Wettbewerben an, von **Badminton** über Judo bis zum Hockey. Der jüngste Teilnehmer war der 14-jährige Turmspringer **Tom Daley.**

Noch nie wurden so viele Weltrekorde bei einem sportlichen Großereignis überboten. Achtzehn wurden allein im **Schwimmen** geknackt. Noch nie zuvor schlugen auch die Silber- und Bronzemedaillengewinner die bisherigen Bestzeiten um Längen. Noch nie wurden die Dopingproben so lange aufgehoben. In Peking werden sie 8 Jahre verwahrt, um auch solche Dopingfälle zu ermitteln, deren Nachweis medizintechnisch erst Jahre später möglich ist.

Und noch nie begleiteten weltweit Proteste den Fackellauf. Die Demonstranten wollten mit ihren Störmanövern auf die Unterdrückung der tibetischen Bevölkerung durch die chinesische Politik aufmerksam machen. Um das olympische Feuer zu schützen, wurde die Fackel von zahlreichen Sicherheitsleuten bewacht und streckenweise sogar im Auto transportiert.

- Schon bei den Olympischen Spielen der Antike galt Waffenruhe als oberstes Gebot für die Zeit der Festlichkeiten, ein Grundsatz, der nicht nur in Peking durchbrochen wurde.
- Die Fernsehübertragungsrechte erbrachten 2008 in Peking 442 Millionen Dollar, 1972 in München waren es gerade mal 1,74 Millionen Dollar.
- Was bedeutet eigentlich der Name **Badminton**?
- Mehr über **Tom Daley** erfährst du auf S. 40.
- Gehört der Kraftraum auch zum Trainingsprogramm im **Schwimmen**?

MICHAEL PHELPS – Weltrekordschwimmer

Leicht hatte Michael Phelps es in seinem Leben bestimmt nicht. Der Amerikaner ist ein Scheidungskind. In der Schule war er schlecht und allen viel zu laut. Man stellte ihn mit Ritalin ruhig. Auch im Sport war er keine Leuchte – bis er mit dem Schwimmen anfing. Er war 7 Jahre, als er das Wasser für sich entdeckte. Mit gerade mal 15 Jahren trat er für die USA bei Olympia in Sydney an, als jüngster Olympiateilnehmer seit 1932. Fünf Monate später errang er seinen ersten **Weltrekord**.

Seither reißt die Flut der Medaillen und Weltrekorde nicht ab. Allein bei Olympia in Athen erschwamm er sich sechs Gold- und zwei Silbermedaillen. 2008 in Peking überbot er den 36 Jahre alten Medaillenrekord von Mark Spitz. Sieben Goldmedaillen gewann der Ausnahmeathlet Spitz bei Olympia in München. Phelps knackte diesen Jahrhundertrekord und nahm acht **Goldmedaillen** aus Peking mit. Eine Million Dollar Rekordprämie brachte ihm diese Leistung ein. Und den Ruhm des erfolgreichsten Olympioniken aller Zeiten. Mit insgesamt 14 olympischen Goldmedaillen führt er den olympischen **Medaillenspiegel** an.

Ende gut, alles gut? Nicht ganz: Wenn Michael Phelps am Wochenende ausgeht, ist er plötzlich wieder der viel zu laute Junge und schlägt ausgiebig über die Stränge. Zum Glück für alle seine Sponsoren verbringt er die meisten Wochenenden wegen seines großen Trainingspensums im Schwimmbecken.

! Im Juli 2009 stoppte der Hallenser Paul Biedermann den Siegeszug von Michael Phelps. Er schwamm bei der WM in Rom die 200 Meter Freistil in nur 1:42,00 Minuten, fast eine Sekunde schneller als der geltende Weltrekord von Phelps!

☞ Mehr über **Weltrekorde** erfährst du auf S. 161.
☞ Aus wie viel Gold besteht eigentlich eine **Goldmedaille**?
☞ Wo stehen die Deutschen im olympischen **Medaillenspiegel**?

BIRGIT PRINZ – Spitzenstürmerin

Der **Lionel Messi** des **Frauenfußballs** ist die Stürmerin Birgit Prinz. Sie hat die Frauennationalmannschaft zu einer ganzen Reihe von internationalen Siegen gekickt und mit ihren Erfolgen die Männer bei weitem übertroffen. Mit ihrem Verein, dem FFC Frankfurt, gewann sie siebenmal die deutsche Meisterschaft.

Auch den Titel der Torschützenkönigin kann Birgit Prinz für sich verbuchen. In den 1970ern schoss der berühmte Gerd Müller unerreichbare 68 Länderspieltore. Brigit Prinz hat diesen Rekord mit mehr als 100 Länderspieltoren längst geknackt. »Wer die Tore macht, ist doch völlig egal. Hauptsache, die Mannschaft spielt gut und gewinnt«, meint Prinz dazu.

Da wundert es nicht, dass Birgit Prinz auch international eine gefragte Kickerin ist. 2003 soll ihr der AC Perugia gar eine Million Euro angeboten haben, damit sie für seine Männermannschaft stürmt. Doch Birgit Prinz blieb dem Frauenfußball treu.

☞ Für welchen Fußballverein spielt Stürmerstar **Lionel Messi**?
☞ Der deutsche **Frauenfußball** ist international sehr erfolgreich.

PROFISPORTLER – Vom Sport leben

Profis können im Gegensatz zu **Amateuren** mit dem Sport ihren Lebensunterhalt verdienen. Die einen haben Verträge mit ihrem Verein, wie die Fußballer oder Eishockeyprofis. Die anderen leben von Werbeaufträgen, wie der Gewichtheber Matthias Steiner. Überdies gibt es eine ganze Reihe von Sportlern, die zwar als Amateure bezeichnet werden, ihr Geld jedoch durch **verdecktes Sponsoring** verdienen.

Wie viel Geld eine Sportart einbringt, hängt davon ab, wie beliebt sie ist.

In Deutschland zieht der Fußball jedes Wochenende Millionen von Fans in seinen Bann. Im Gegensatz zu den hoch bezahlten Fußballprofis der Bundesliga-Herren verdienen die Spielerinnen im **Frauenfußball** aber meist nur ein Taschengeld von ein paar Hundert Euro.
In Amerika verdient man im American Football und im Basketball das große Geld, in China mit **Tischtennis.**

- ☞ Warum durften bei den Olympischen Spielen anfangs eigentlich nur **Amateure** teilnehmen?
- ☞ Was ist **verdecktes Sponsoring**?
- ☞ Die deutsche Nationalmannschaft im **Frauenfußball** hat mehr Europameisterschaften gewonnen als die Herren.
- ☞ Was schätzt du: Wie viele Chinesen spielen **Tischtennis**?

RAUSGEBADET – Schwimmerschicksal

Mit einer schlechten Zeit im Vorlauf auf die ruhigere Außenbahn zu kommen. So hatte der **Schwimmer** Thomas Fahrner es sich fürs olympische **Freistil**-Finale über 400 Meter in Los Angeles vorgenommen. Auf Platz 7 oder 8 kam er jedoch nicht. Er schwamm auf Platz 9. Das bedeutete für Fahrner B-Finale. Aus dem Wettkampf um den ersten Platz war er damit raus. »Der hat sich rausgebadet«, heißt es in so einem Fall erbarmungslos in der Schwimmersprache.
Mit Wut im Bauch trat Fahrner zum B-Finale an und gab diesmal alles. Die 400 Meter kraulte er in 3:50,91 Minuten. Das war neuer olympischer Rekord mit einer Zeit, die schneller war als die des Siegers im Endlauf. Gold gab's für ihn trotzdem nicht.

☞ Wie viele Stunden am Tag trainiert ein Spitzen**schwimmer**?
☞ Wieso heißt das Kraulen im Wettkampf eigentlich **Freistil**?

REITEN – Auf dem Rücken der Pferde

Ein Pferd ist ein Fluchttier, also ein Tier, das bei Gefahr Reißaus nimmt. Kannst du dir vorstellen, dass du so ein Fluchttier dazu bringst, im Kampfgetümmel eines Kriegsschauplatzes auszuhalten – auch noch, wenn du von seinem Rücken aus ein Gewehr abfeuerst? Genau das aber mussten Militärpferde früher können. Und dazu mussten sie sehr gut dressiert und trainiert werden.

Deswegen haben die Offiziere in vergangenen Jahrhunderten mit ihren Pferden die **Dressur**, **Springreiten** und den Geländeritt über Stock und Stein und andere Hindernisse geübt. Diese militärischen Fähigkeiten trainieren Reiter bis heute mit ihren Tieren – zum Glück aber nicht mehr, um mit ihnen in den Krieg zu ziehen. Außerdem gibt es im Reitsport Wettkämpfe im **Voltigieren** und die Trab- und Galopprennen.

Schon früh entscheidet sich, für welchen Reitsport ein Pferd taugt. Wenn es mutig ist und gerne springt, kann es fürs Springreiten ausgebildet werden. Ein ruhiges Pferd mit einem langen, breiten Rücken eignet sich eher zum Voltigieren.

! Der Begriff »Ritter« leitet sich übrigens vom Wort »Reiter« ab. Merkmal der ersten Ritter war es nämlich, dass sie ein Pferd hatten und reiten konnten.

☞ Im **Dressurreiten** sind die deutschen Reiter sehr erfolgreich.
☞ Beim **Springreiten** müssen sowohl Pferd als auch Reiter sehr gut ausgebildet sein.
☞ Mehr übers **Voltigieren** erfährst du auf S. 158.

RENNRODELN – Mit 145 Stundenkilometern zu Tal

Die besten Rennrodler kommen aus denjenigen Ländern, in denen die Kinder im Winter Schlitten fahren können. Berge braucht es natürlich dazu und Schnee. In den 1960er- bis 1980er-Jahren waren die Sportler der damaligen DDR die weltbesten Rodler. Sehr gute Fahrer kommen heute aus der Bundesrepublik, aus Österreich, aus Südtirol im nördlichen Italien und aus Russland.

Weil leichte Rodler langsamer sind als die schwereren, dürfen sie mit Bleischeiben ihr Gewicht erhöhen.

Bis zu 145 Stundenkilometer erreicht ein geschickter Rodler auf den vereisten **Bobbahnen**, wie der Natureisbahn im schweizerischen St. Moritz oder der Bobbahn im österreichischen Ischgl. Bei ihren waghalsigen Fahrten sind die Rodler bloß mit einem Sturzhelm geschützt. Das gilt auch für die **Skeleton**-Fahrer. Während der Rodler durch den Eiskanal rast, lenkt er den Schlitten durch Gewichtsverlagerung, ähnlich wie die **Drachenflieger**.

Der weltweit erfolgreichste Rennrodler war der Bayer Georg Hackl, auf Bayerisch Hackl Schorsch. Von 1987 bis 2006, also fast 20 Jahre, fuhr er in der Weltspitze mit, eine außergewöhnlich dauerhafte Leistung im sonst eher kurzlebigen Spitzensport. Von 1988 bis 2002 erreichte Hackl bei den Olympischen Winterspielen Medaillenränge. Dreimal gewann er im Einsitzer Gold, zweimal Silber. Er ist 16-facher deutscher Meister und mehrfacher Welt- und Europameister.

☞ Die **Bobbahnen** vor 120 Jahren waren selbst gemacht.

☞ Beim **Skeleton-**Schlitten fährst du auf dem Bauch, mit dem Kopf voran.

☞ Was ist der Unterschied zwischen **Drachenfliegen** und Gleitschirmfliegen?

RÜCKENNUMMER 10 – Spielmacher

Die 10 ist im Fußball die Nummer des Spielmachers im Mittelfeld und deswegen besonders begehrt. Tatsächlich hat die 10 eine große Tradition. Rekordfußballer Lothar Matthäus trug bei Bayern München die Nummer 10. Die 10 war die Rückennummer des großartigen Brasilianers Pelé und des genialen Argentiniers Diego Maradona. Der Fußballstar Lionel Messi wurde gleich zweimal mit der 10 ausgezeichnet. Sowohl beim FC Barcelona als auch in der argentinischen Nationalmannschaft trägt er die begehrte Nummer.
Der ehemalige Bayern-Libero Franz Beckenbauer dagegen trug auf dem Rücken nie die 10, sondern lief mit der 5 auf dem Platz auf.
Die Nummer 9 und die 11 werden übrigens im Fußball häufig an die Stürmer vergeben. Und die 12 wird beim FC Bayern, bei Werder Bremen und in der österreichischen Nationalmannschaft nie vergeben. Hier gelten die Fans als zwölfter Mann.
Auch in anderen Profisportarten, wie im **Handball** und im **Eishockey**, hat jeder Spieler eine eigene Rückennummer.

☞ Wissenswertes über **Handball** erfährst du auf S. 75.

☞ Mit wie viel Stundenkilometern rasen **Eishockeyspieler** übers Eis?

RUDERN – Zu-gleich!!!

Am Anfang einer Ruderkarriere steht das Auswendiglernen: Was heißt Backbord und was Steuerbord? Und wo ist eigentlich Steuerbord, wenn man rückwärts im Boot sitzt?
Begriffe und Befehle zu kennen ist im Rudern sehr wichtig, denn die Ruderer müssen wissen, wovon der Steuermann spricht. Er gibt beim

Vierer und beim Achter die Befehle. Schließlich ist er der Einzige, der sieht, wo es langgeht. Ruderer sitzen mit dem Rücken in Fahrtrichtung, schauen also Richtung Heck beziehungsweise auf den Rücken des Vordermanns.

Die richtige Rudertechnik, die mit dem Rudern im Ausflugsbötchen wenig gemeinsam hat, sitzt schon nach ein paar Übungsstunden. Und wer es geschafft hat, in den Einer einzusteigen, ohne auf der anderen Seite gleich wieder auszusteigen, ist fast schon fit genug für Wanderfahrten.

Die traditionsreichste Ruderregatta ist die der Universitäten Oxford und Cambridge auf der Themse. Hier sitzen häufig gute deutsche Ruderer mit im Boot, um die Ehre der britischen Universitäten zu verteidigen.

Seit 2008 ist Rudern bei den **Paralympics** vertreten.

! Kinder können schon ab 8 Jahren im Verein mit dem Rudern beginnen.

! Eine Regatta ist eine Wettfahrt auf dem Wasser. Es gibt Ruder-, Segel- und Surfregatten.

☞ Wie viele Sportler traten bei den **Paralympics** 2008 in Peking an?

RUGBY – Sportvergnügen für raue Kerle

Auf den ersten Blick wirkt Rugby wie ein regelloses Gekeile. Auf dem Spielfeld wird gerempelt und getreten. Im Eifer des Gefechts wird schon mal ein Zahn ausgehauen oder ein Ohr eingerissen.

Tatsächlich müssen Rugby-Spieler einiges wegstecken können. So gilt es als guter Spielzug, den balltragenden Spieler von den Füßen zu holen. Denn dann muss dieser Spieler den Ball abgeben. Zum Spiel gehört auch das »Gedränge«, auf Englisch *scrum*. Dabei stehen sich beide Mannschaften ineinandergehakt gegenüber und versuchen sich gegenseitig über den Ball wegzuschieben. Die Kämpfe um den Ball gehen jedoch nach einem festen Regelwerk vonstatten. Unerlaubte Fouls werden wie überall vom **Schiedsrichter** gepfiffen.

Punkte erzielt diejenige Mannschaft, die den Ball ins hintere Sechstel des Spielfeldes, ins sogenannte Malfeld, bringt. Außerdem gibt es Punkte für ein Tor, also einen Schuss durch zwei lange Seitenpfosten mit einem Querbalken, die auf dem Spielfeld aufgestellt sind.

Alle paar Jahre treten die **Football**profis aus Amerika zum Vergleichswettkampf gegen die Rugby-Spieler aus Europa oder Neuseeland an, immer mit niederschmetterndem Ergebnis für die Footballer.

- ! Rugby zählt zu den härtesten Sportarten überhaupt. Besonders beliebt ist es in England, Schottland, Wales und Irland, in Australien und Neuseeland.
- ! Bocholt ist die kleinste deutsche Stadt mit zwei Rugby-Vereinen.
- ☞ Schiedsrichter sollten unbestechlich sein. Aber der Skandal um die **Schiedsrichterbestechung** öffnete allen die Augen.
- ☞ Anders als beim **American Football** tragen Rugby-Spieler keine Schutzkleidung.

SCHIEDSRICHTERBESTECHUNG – Fußballwette

Er gehörte zu den jüngsten Schiedsrichtern der Bundesrepublik: Robert Hoyzer. Mit 26 Jahren pfiff er Zweitligaspiele, Spiele der Regionalliga und Pokalspiele. Mit 27 saß er im Gefängnis und war zu 750000 Euro Schadenersatz verdonnert.
Hoyzers Auftraggeber verdiente vermutlich über 4 Millionen. Und Hoyzer verdiente mit. 67000 Euro und einen Plasma-Flachbildfernseher bekam er dafür, dass er bis 2004 eine Reihe von Spielen falsch pfiff. Vor den Spielen erhielt Hoyzer die Information, was er zu pfeifen hatte: **Überraschungssieg** für den **Außenseiter** oder Tore in der ersten Halbzeit. Je nachdem, auf was sein Hintermann wettete. Hoyzer tat, was er konnte. Er sah Handspiele, wo keine waren, er annullierte Tore und gab falsche Elfmeter. Und als der Linienrichter bei seinen Fehlentscheidungen nicht mitspielte, gab es auch für ihn ein Taschengeld – behauptet Hoyzer.
Der Fall Hoyzer trat eine Lawine los. Plötzlich tauchten überall Verdachtsfälle von **Wettskandalen** auf, sogar in der Ersten Fußballbundesliga. Außerdem in vielen anderen Sportarten. Die Ermittlungen dauern an …

! Auch die Italiener hatten 2006 ihren Bestechungsskandal, der mit dem Zwangsabstieg des Traditionsvereins Juventus Turin bestraft wurde.

☞ Wer schaffte bei der Fußball-EM 1992 den **Überraschungssieg**?

☞ Mehr über **Außenseiter** liest du auf S. 17.

☞ Unter dem Stichwort **Wettskandal** erfährst du, mit welchen Methoden man im Sport außerdem sehr viel Geld verdienen kann.

SCHRAUBE – Durcheinandergewirbelt

Die Schraube ist ein Sprung, bei dem der Springer sich einmal um die eigene Längsachse dreht, also eine ganze Drehung. Sportjournalisten reden jedoch meist von einer Schraube, wenn es sich um einen Schraubensalto handelt. Das ist ein gestreckter Salto, der gleichzeitig die Längsdrehung mit einschließt. Bei diesem Sprung muss der Turner sehr darauf achten, was er zu einem bestimmten Zeitpunkt des Sprunges sieht, um zu wissen, wann er die Drehung wohin weiterführen muss. Sonst würden die Springer beim Schraubensalto genauso durcheinandergeraten wie sonst nur die Zuschauer. Häufig werden Schraubensalti gehechtet gesprungen, das heißt im Verlauf des Sprunges wird der Körper in der Hüfte geknickt.
Schraubendrehungen sieht man im Boden**turnen**, beim **Voltigieren**, beim **Turmspringen** und beim **Klippenspringen**.

☞ 1820 wurde das **Turnen** in Preußen verboten.

☞ **Voltigieren** ist Akrobatik auf dem Pferderücken.

☞ Wissenswertes übers **Turmspringen** erfährst du auf S. 151.

☞ Wie gefährlich ist eigentlich **Klippenspringen**?

MICHAEL SCHUMACHER – Erfolgreichster Rennfahrer

Einige Formel-1-Fahrer sind auf ihren ehemaligen Kollegen sehr schlecht zu sprechen. Denn Schumacher benahm sich im Rennwagen nicht gerade wie ein Gentleman. Indem er Schlangenlinien fuhr, hinderte er die Gegner daran, auf den engen Straßen an ihm vorbeizuziehen. Ernst zu nehmende Rivalen drängte er von der Piste ab. Und bei seinem ersten Formel-1-Weltmeistersieg, munkelt man, sei er absicht-

lich gegen das Auto seines Rivalen Damon Hill gefahren, so dass Hill wegen eines Materialschadens aufgeben musste.
Michael Schumacher war ein Besessener. Und es ging ihm nicht nur darum, Rennen zu fahren. Er wollte gewinnen. Also fuhr er Zehntausende von Trainingskilometern im Jahr. Das machten die anderen auch. Doch für Schumacher war der Job nach dem Training nicht vorbei. Er verließ die Rennbahn als einer der Letzten. Denn da musste noch jede Menge besprochen werden, mit den Technikern und Ingenieuren seines Rennwagens. Er überlegte mit und machte Vorschläge zur Verbesserung. Schumacher, heißt es in den Rennställen, trug dazu bei, Siegerautos zu bauen.
Sieben Weltmeistertitel in der Formel 1, der Königsklasse des Motorrennsports, errang Schumacher im Lauf seiner Karriere, außerdem zahlreiche Welt- und Europameistertitel in anderen Motorsportklassen. Heute sucht er als **Talentscout** nach jungen Rennsporttalenten.

! Schumachers erstes Kart hatte sein Vater aus einem Kettcar mit Mofa-Motor selbst zusammengebastelt.

! 2009 trainierte Schumacher für seine Rückkehr in die Formel 1. Er sollte für einen verletzten Fahrer einspringen. Doch eigene Verletzungen durch einen Motorradunfall machten das unmöglich.

☞ Wie viele **Formel-1-Rennen** gibt es pro Jahr?

☞ Auf S. 143 erfährst du mehr über **Talentscouts**.

BASTIAN SCHWEINSTEIGER – Der Popstar unter den Kickern

Der Mittelfeldspieler vom FC Bayern München ist immer für einen Skandal gut. Auf dem Fußballfeld sind es der harte Stil und die Wutausbrüche, mit denen er von sich reden macht. Aber auch mit seinem Pri-

vatleben bietet der Oberbayer genügend Stoff für Sensationsgeschichten. Ein gefundenes Fressen für die Presse!
Damit kommt einer wie Schweinsteiger klar. Was für ihn wirklich schlimm ist? Auf der Ersatzbank vergeblich auf den Einsatz zu warten. Dribbeln und Kampfeswille gehören zu seinen Stärken. Der FC Bayern München hat das schon früh gemerkt. Und so gehört Schweinsteiger zu den ganz wenigen, die der FC direkt aus der Jugendabteilung für seine **Profi**mannschaft verpflichtet hat. Da war »Schweini«, wie ihn seine Freunde nennen, gerade mal achtzehn.
Im selben Jahr verpflichtete der Nationaltrainer ihn für die Nationalmannschaft – als jüngsten Spieler der **Fußball-EM** 2004. Seither gehört Bastian Schweinsteiger zusammen mit **Philipp Lahm** zum Aufgebot der DFB-Elf, die sich seit 2006 mit ihren sehr jungen Spielern in die Herzen der Deutschen gespielt hat.
Viele internationale Vereine interessieren sich für Schweinsteiger, doch bis 2012 steht er für den FC Bayern auf dem Platz.

! »Wenn man verliert, ist man nie zufrieden!« Zitat Schweinsteiger.

☞ Wissenswertes über **Profisportler** erfährst du auf S. 116.

☞ Welches Land stellt die erfolgreichste Mannschaft bei der **Fußball-EM**?

☞ Wie Bastian Schweinsteiger wurde auch **Philipp Lahm** im Fußballinternat des FC Bayern München ausgebildet.

SCHWIMMEN – Jede Zehntelsekunde zählt

Bis ein Schwimmer sich in den **Wettkampfschwimmanzug** zwängt, um an den großen Wettkämpfen teilzunehmen, verbringt er sehr viel Zeit im Wasser. Jede Zehntelsekunde Vorsprung ist hart erkämpft.

Der Olympiasieger und **Weltrekord**halter **Michael Phelps** zum Beispiel trainiert sieben Tage in der Woche sechs Stunden. So lang verbringen jüngere Schwimmer natürlich nicht im Becken und im Kraftraum. Mit 10 Jahren trainieren sie bis zu viermal pro Woche zwei Stunden. Geübt werden Schwimmtechniken, die Wenderolle, der beste Startsprung. Und es braucht sehr viel Kraft. Dazu werden Bahnen geschwommen. Mehrere Kilometer machen die Schwimmer während der Übungsstunden. Bahn um Bahn trainieren sie die vier Schwimmdisziplinen Brust, Kraul, Rücken und Delfin, mal schnell, mal langsam. Sie schwimmen auf Zeit oder mit dem Augenmerk auf den Arm- oder Beinschlag. Ehe es wieder in die Umkleidekabine geht, hängen sie noch ein paar Bahnen dran, um sich auszuschwimmen.

Der Weg zu internationalen Wettkämpfen führt in den meisten Fällen übers Sportinternat, wie auch bei der deutschen Olympiasiegerin **Britta Steffen**.

Ideal für einen Wettkampfschwimmer sind breite Schultern, eine sehr schmale Taille, ein langer Oberkörper und lange Arme.

! Die wichtigsten Schwimmwettkämpfe sind die alle 2 Jahre stattfindenden Weltmeisterschaften und die Olympischen Spiele.

! Vor wichtigen Wettkämpfen rasieren sich die Schwimmer am ganzen Körper, weil sie so im Wasser ihre eigenen Bewegungen besser spüren.

☞ Wieso sind manche **Weltrekorde** kaum zu knacken?

☞ Kannst du dir vorstellen, wie viel Technik in einem **Wettkampfschwimmanzug** steckt?

☞ Mehr über **Michael Phelps** erfährst du auf S. 115.

☞ Schwimmer zeigen häufig in mehreren Disziplinen sehr gute Leistungen, so wie die Olympiasiegerin **Britta Steffen**.

SICHERHEITSZELLE – Lebensrettende Erfindung

Die Sicherheitszelle der Formel-1-Rennwagen schließt den gesamten Fahrerraum ein, von den Pedalen bis zu den Wänden und dem Überrollbügel. Die Wände der Sicherheitszelle bestehen aus zwei Schichten Kohlefaser, zwischen denen eine wabenartige Aluminiumschicht liegt. Kohlefaser ist so stabil wie Stahl. Als Knautschzone dienen dem Rennfahrer das Heck und ein Crash-Element im hinteren Teil des Rennwagens.

Auch der Rest des Rennwagens ist übrigens aus zuerst gewebter und dann gebackener Kohlefaser aufgebaut. Sie hat gegenüber Stahl den Vorteil, dass sie sehr viel leichter ist.

Dass der **Autorennsport** heute so viel sicherer ist, haben die Rennfahrer dieser Erfindung zu verdanken. Aber natürlich forschen die Wissenschaftler auch, um durch Verbesserungen – zum Beispiel bei der Karosserie – neue Geschwindigkeitsrekorde zu ermöglichen, ähnlich wie im Fall des **Wettkampfschwimmanzugs.**

☞ Mehr über den **Autorennsport** erfährst du auf S. 18.

☞ Was unterscheidet den **Wettkampfschwimmanzug** von einem Badeanzug?

SIEBENKAMPF – 10-Stunden-Tag

Was bei den Männern der **Zehnkampf** ist, ist bei den Frauen der Siebenkampf. Am ersten Wettkampftag stehen für die Frauen 100 Meter Hürden, Hochsprung, Kugelstoßen und der Zweihundertmeterlauf auf dem Programm. Am zweiten Tag die Wettbewerbe im Weitsprung, Speerwerfen und Achthundertmeterlauf. Die Wettkampftage sind so aufgebaut, dass die anstrengenden Läufe am Abend anstehen, damit sich die Sport-

lerinnen danach ausruhen können. Jeder der beiden Wettkampftage dauert 8 bis 10 Stunden.
Mehrkämpferinnen zeichnen sich durch Vielseitigkeit und Ausdauer aus. Sie müssen alle Bewegungsarten der **Leichtathletik** beherrschen. Die besten Erfolge erzielen Sportlerinnen im Alter von 25 bis 28 Jahren. Laufen, Muskelaufbau, Springen und Werfen gehören zum Training einer Siebenkämpferin.
Nachdem jahrelang die Schwedin Carolina Klüft die internationalen Wettkämpfe beherrscht hat, hoffen nun die deutschen Leichtathleten auf begabten Nachwuchs.

! Für die Männer gibt es einen Siebenkampf in der Halle.
☞ Welche Disziplinen gehören zum **Zehnkampf**?
☞ Welches sind die vier Grundbewegungsarten in der **Leichtathletik**?

SKATEBOARDFAHREN – ... ist Trend

In der Großstadt gehören sie zum Straßenbild: Jungs in megaweiten Hosen, die auf rollenden Brettern auf dem Asphalt ihre Slaloms und *Airs*, die Sprünge, ausprobieren. Wichtig ist bei all diesen Tricks, dass der Skater sicher auf dem Brett steht. Dafür sorgt eine Schicht Schmirgelpapier, die auf das Brett geklebt ist.
Die Tricks lernst du am besten durch die Tipps von Freunden, wie auch beim **BMX**-Freestyle und beim **Breakdance**.
Leider geht es beim Skateboarden manchmal nicht ohne Knochenbrüche ab. Die sogenannten *Tricks*, die ein Skater erlernen kann, sind dafür umso spektakulärer. Da gibt es den *Grab*, bei dem der Skater das Board im Sprung mit der Hand anfasst. Oder den *Spin*, bei dem das

Board so hochgeschleudert wird, dass es sich um die eigene Längsachse dreht. Beim *Grind* und beim *Slide* rutscht der Skater mit dem Board über schmale Kanten und Treppengeländer. Atemberaubend sind die Sprünge, die auch noch über zig Treppenstufen hinweg sicher gelandet werden, und die Flugtricks auf der Halfpipe, einer u-förmigen Rampe, die auch bei Wettkämpfen zum Einsatz kommt, wie beim jährlichen Worldcup in Münster.

! Auf speziellen Homepages im Internet geben die Skater ihr Wissen untereinander weiter.

! Auch der BMX-Worldcup findet jedes Jahr im westfälischen Münster statt.

☞ Welche Sprünge kannst du mit einem **BMX**-Rad machen?

☞ Der **Breakdance** ist eine Kraftprobe.

SKELETON – Der Skelett-Schlitten

Wohlhabende Engländer, die sich in den verschneiten Schweizer Bergen langweilten, haben es sich von den Schweizer Kindern abgeguckt. Das Skeleton-Fahren. Gemeint sind die guten alten Holzschlitten, die mit ihrem Lattengerüst an ein Skelett, auf Englisch *skeleton*, erinnern.

Skeleton fährt man mit dem Kopf voran. Die Verletzungsgefahr soll angeblich trotzdem niedriger sein als beim **Rennrodeln**. Wie beim Rodeln lenken die Fahrer die Schlitten durch Gewichtsverlagerung. Nach einem 50 Meter langen Anlauf wirft der Fahrer sich bäuchlings auf den Schlitten. Jetzt kommt es darauf an, die Piste optimal auszufahren.

Frauen waren übrigens lange vom Skeletonsport ausgeschlossen. Die Männer führten nämlich 1929 ins Feld, auf dem Bauch Schlitten zu fahren könne Brustkrebs verursachen. Heute ist Skeleton auch für Frauen wieder Wettkampfsport und olympische Disziplin.

! Das Skeletonfahren war auch der Vorläufer für den Bobsport.
☞ Welche Geschwindigkeiten erreichen **Rennrodler**?

SKI – Alles über die Brettln

Das Wort Ski kommt von dem norwegischen Wort für »Scheit«. Und vermutlich wurde in Skandinavien das Skilaufen erfunden. Die älteste Darstellung eines Skifahrers ist 4500 Jahre alt und stammt aus Nordnorwegen. Aber natürlich schnallten sich die Skandinavier schon damals keine Scheite an die Füße, sondern lange Holzlatten.
In Mitteleuropa und den Alpen entdeckte man das Skifahren erst sehr viel später für sich, nämlich Ende des 19. Jahrhunderts. Damit die langen Latten aus Skandinavien in den Bergen besser zu verwenden waren, machte man sie kürzer. Jetzt taugten sie für die **Abfahrt**.
Jedoch waren auch die Abfahrtskier von damals noch um ein gutes Drittel länger als die Skier von heute. Schwerer waren sie außerdem. Und das Kurvenfahren erforderte, anders als mit den taillierten Carving-Skiern von heute, sehr viel mehr Technik.
Nach wie vor unterscheidet man übrigens die Disziplinen im Skisport nach ihrem Entstehungsort. Zu Ski nordisch gehören Skilanglauf und Skispringen. Zum Alpinski gehören Abfahrt, **Slalom**, Riesenslalom und **Super-G.** Im Alpinski sind traditionell die österreichischen Männer die Favoriten. In den Speeddisziplinen Abfahrt, Super-G, aber auch im Riesenslalom belegen die deutschen Frauen immer wieder vordere Plätze.

! Die ersten deutschen Skivereine wurden Ende des 19. Jahrhunderts im Schwarzwaldörtchen Todtnau und in Braunlage im Harz gegründet.

☞ Welche Geschwindigkeiten erreichen Skirennfahrer bei der **Abfahrt**?

☞ Im **Slalom** kommt es auf zentimetergenaues Lenken an.

☞ Was ist der **Super-G**?

SKISPRINGEN – Freier Flug

Beim Skispringen hängt sehr viel vom Wind ab. Rückenwind bedeutet einen kurzen Flug, Gegenwind dagegen bringt große Weiten. Damit der Skispringer sich optimal auf die Windverhältnisse einstellen kann, stehen oft die Trainer mit einem kleinen Fähnchen neben der Schanze, um dem Springer oben die momentane Windrichtung anzuzeigen.
Beim Skispringen kommt es auch auf eine starke Beinmuskulatur und optimale Körperspannung an, außerdem auf einen Skianzug, der dem Wind möglichst wenig Widerstand bietet. In erster Linie wird natürlich die Weite gewertet. Jedoch kann eine unelegante oder verwackelte Landung die beste Platzierung wieder zunichtemachen, ähnlich wie zu viele Spritzer beim **Turmspringen**.
Bei den großen Wettkämpfen springen die Skispringer 80 bis 100 Meter weit, von der Großschanze über 110 Meter. Und die Flugschanze erlaubt sogar Sprünge von bis zu 200 Meter.
Besonders hoch steht bei den Punktrichtern die Telemarklandung im Kurs, bei der der Springer mit vorgeschobenem Bein in einem halben Kniefall landet. Leider ist diese Landung gleichzeitig die schwierigste und verunglückt daher oft. Der bekannteste Wettbewerb im Skispringen ist die **Vierschanzentournee**.

- Das erste Skispringen fand 1892 am Holmenkollen in Norwegen statt.
- Im Sommer trainieren die Skispringer auf Schanzen, die mit Kunststoffmatten ausgelegt sind.
- Wieso verlieren **Turmspringer** bei den Drehsprüngen eigentlich nicht total die Orientierung?
- Zwischen welchen kirchlichen Feiertagen findet die **Vierschanzentournee** statt?

SLACKLINE – Schlackerband

Weiche Knie sind eigentlich zu gar nichts gut, oder? Stimmt nicht! Beim Slacken brauchst du vor allem die. Und mitschwingen können muss man. Denn wenn du dich steif machst, liegst du schon unten.

Die Slackline ist ein breites Gummiband. Zwischen zwei Bäume gespannt, kannst du darauf balancieren oder sogar surfen. Aber erst mal heißt es oben bleiben. Es soll Leute geben, die schon nach drei Stunden Probieren für ein paar Sekunden oben geblieben sind. Slacklining ist schwieriger als der Drahtseilakt im Zirkus. Auf jedem Teilstück schlackert das Band ein bisschen anders. Da wird schon bloßes Rückwärtsgehen zur hohen Kunst.

Slacken kommt aus Amerika. **Kletterer** balancierten in der Kletterpause aus Jux auf einem gespannten Gurtband. In Deutschlands Großstädten ist das Slacken schon angekommen. In den Parks von Berlin, München, Stuttgart und Dresden hast du Chancen, einem Slacker zu begegnen.

Das englische Wort *slack* bedeutet: locker, schlaff.

Was ist der Trick beim **Klettern**?

SLALOM – Bloß nicht einfädeln!

Vor Erfindung der taillierten Carving-Ski waren die Geschwindigkeiten im Slalom gerade mal halb so hoch wie heute. Im Gegensatz zu den **Abfahrts**läufern, die mit über 100 Stundenkilometern unterwegs sind, fahren die Slalomfahrer nur bis zu 40 Stundenkilometer schnell. Die Schwierigkeit besteht darin, die Skier auch auf steilen, vereisten Hängen noch zentimetergenau zu lenken. Um eine schnelle Zeit zu erreichen, kurven die Slalomfahrer so eng wie möglich um die blauen und roten Slalomstangen herum. Dabei dürfen sie die Stangen mit den Knien und den Händen wegschlagen. Groß ist die Gefahr, einzufädeln, das heißt den Fahnenstock zwischen die Beine zu bekommen. Für den, der einfädelt, ist das Rennen zu Ende.

Vor dem Wettkampf dürfen die Skifahrer die Strecke besichtigen, nicht jedoch befahren. Die Slalomfahrer **visualisieren** den Kurs vor dem Rennen. Es gibt zwei Durchgänge, deren Wertungen zusammengezählt werden. Beim zweiten starten nur noch die besten 30. Die schnellsten Skifahrer gehen zuletzt an den Start.

Nachdem die deutschen Frauen in 30 Jahren nur einen einzigen Olympiasieg im Slalom herausfahren konnten, haben sie mit Maria Riesch seit 2009 wieder eine Weltmeisterin und **Ski-Weltcup**-Siegerin in ihren Reihen.

Zur **Abfahrt** gehören weite Sprünge.

Was ist eigentlich **Visualisieren**?

Was ist der **Alpine Ski-Weltcup**?

SNOWBOARDEN – Surfen und Springen

Das Snowboarden war lange ein Szenesport von unangepassten Außenseitern und auf der Skipiste nicht gern gesehen. Doch heute gibt es in jedem Skiort Snowboardkurse und oft auch Fun-Parks mit Rails, Halfpipes und Ramps für Sprünge. Seit 1998 ist der Sport olympisch. Die Snowboarder treten zu Wettbewerben im Parallel-Riesenslalom, zum Snowboardcross und zum Freestyle in der Halfpipe an.

Beim Parallel-Riesenslalom fahren zwei Snowboarder um die Wette einen Slalom-Parcours ab. Wie im **BMX-Sport** gibt es einen Cross-Wettbewerb. Dazu treten sechs Fahrer gleichzeitig auf einer Piste mit

Buckeln, Sprüngen und Steilwänden an. Beim **Freestyle** werden waghalsige Salti und Drehungen gezeigt, die den **Skateboardfahrern** abgeschaut sind.
Wenn du mit solchen *Tricks* und *Jumps* glänzen willst, musst du viel trainieren. Und die Verletzungsgefahr für Knie und Genick ist hoch.
Im Internet werden mittlerweile Kurse zum Sprüngeüben angeboten. Eingefleischte Halfpipe-Fans raten jedoch dazu, sich die *Tricks* von Freunden zeigen zu lassen, fleißig zu üben und sich dann langsam zu steigern. Und wer weiß: Vielleicht klappt dann ja auch irgendwann der doppelte *Backflip*, also der doppelte Rückwärtssalto.

! Unter den weltbesten Snowboardfahrern finden sich viele Österreicher. Die Deutsche Amelie Kober, die bei den Olympischen Winterspielen 2006 in Turin eine Silbermedaille im Parallel-Riesenslalom gewann, gehört ebenfalls zur Weltelite.

☞ Welcher Sprung ist der schwierigste im **BMX-Sport**?
☞ Was bedeutet eigentlich **Freestyle**?
☞ Welche Tricks beherrschen gute **Skateboardfahrer**?

SPANISCHE HOFREITSCHULE – Kaiserliche Dressur

Die Spanische Hofreitschule ist ein Paradies für Pferdefans. Hier werden rassige Lipizzaner-Hengste in der »Hohen Kunst« des **Dressurreitens** ausgebildet. Das heißt, sie zeigen die schwierigsten Übungen, die ein Dressurreiter seinem Pferd beibringen kann. Die Figuren sind 430 Jahre alt und stammen aus der Zeit der Renaissance. Damals mussten Pferde, die in die Schlacht ritten, solche Übungen beherrschen.
Zum Beispiel diente das Aufbäumen des Pferdes dazu, den Reiter mit seinem Körper vor feindlichen Waffen zu schützen. Die Kapriole, bei

der das Pferd nach hinten ausschlägt, ist eine gute Verteidigung gegen einen Angriff von hinten.

So war die Hofreitschule auch eigentlich eine Reitschule für die Kaiserfamilie. Denn natürlich ritten Kaiser früher mit dem Pferd in die Schlacht und gingen nicht zu Fuß.

Die meisten Hofreitschulen sind nach der Abdankung der Könige und Kaiser, denen sie gehörten, geschlossen worden. In Wien jedoch wurde die Hofreitschule nach der Abdankung des Kaisers als Sehenswürdigkeit für alle geöffnet.

! Auf Reiterstandbildern steht das Pferd oft auf der Hinterhand, also auf den hinteren Beinen. Das ist eine sehr schwierige Übung der Hohen Schule, die »Levade« heißt.

☞ Wissenswertes übers **Dressurreiten** erfährst du auf S. 43.

SPITZENSCHUHE – Zehenschmerzen

Es ist ein großes Ereignis im Leben einer Balletttänzerin, wenn sie ihre ersten Spitzenschuhe bekommt. Zum ersten Mal auf der Spitze zu stehen ist hingegen ernüchternd. Es tut schlicht weh. Und kaum eine Balletteuse wird in diesem Moment allzu große Lust verspüren, darin anderthalb Stunden den »Schwanensee« zu tanzen.

Der Block vorn im Schuh, auf dem die Tänzerinnen beim Spitzentanz stehen, besteht aus Holz und Gips. Blutige Zehen sind da vorprogrammiert. Um den Spann herum liegt der Schuh sehr eng an und ist ausgepolstert, damit der Fuß einen guten Halt hat.

Manche Tänzerinnen legen zusätzlich Gelpolster in die Schuhkappen, um ihre Zehen zu schonen. Doch die Profis lehnen das ab, weil man den Schuh beim **Tanzen** nicht mehr so genau spüre.

- Den Spitzentanz im Ballett gibt es erst seit 1830. Anfangs war er eine akrobatische Ausnahme, heute gehört er zu jeder Aufführung dazu.
- Ballettschuhe werden sehr schnell zertanzt. Oft müssen sie hinter der Bühne während der Aufführung gegen Ersatzschuhe getauscht werden.
- ☞ Welche Stile sind im **Tanzen** zurzeit Trend?

SPRINGREITEN – Ein eingespieltes Team

Wenn der Reiter **Angst** vorm Sprung hat, merkt es das Pferd und bleibt vor dem Hindernis einfach stehen und verweigert. Manchen Pferden merkt man jedoch die Freude an, sich im Sprung über ein Hindernis zu beweisen. Ein Springpferd muss die »Hilfen« des Reiters, wie Zurücknehmen und Zulegen, sehr gut verstehen. Vor dem Springen brauchen Pferd und Reiter deswegen eine Ausbildung im **Dressurreiten**.

Die ersten Übungen zum Springreiten beginnen mit Trabstangen, die auf dem Boden liegen und über die dein Pferd hinwegtrabt. Ein Gefühl für den Sprung bringt dir das Üben mit Cavalettistangen, Stangen, die kaum kniehoch sind und die dein Pferd mit einem kleinen Satz mühelos überwindet. Außerdem müssen Springreiter bestimmte Techniken beherrschen, wie den leichten Sitz, bei dem der Reiter in den Steigbügeln steht und das Gesäß nach hinten bringt. Er dient dazu, die Vorderhand des Pferdes beim Sprung zu entlasten.

Leider gibt es auch eine Kehrseite des Springreitens. In den Leistungsklassen werden Pferde oft über Hindernisse getrieben, die ihnen viel zu hoch sind. Da helfen oft nur großer Druck und ein Training, das den Pferden Angst und Schmerzen verursacht.

Der leichte Sitz, den die Springreiter erlernen, ist eine Vorstufe zum Rennsitz der Galoppreiter, die während des gesamten Galopprennens in sehr kurzen Steigbügeln stehen.

Wie groß ist eigentlich die **Angst des Torwarts beim Elfmeter**?

Was eine »Hilfe« ist, erfährst du unter dem Stichwort **Dressurreiten**.

BRITTA STEFFEN – Zweimal olympisches Gold

Die **Talentscouts** der DDR waren sich sicher: Die kleine Britta taugte nicht zum Leistungssport, sie war zu klein und zu schwach! Daran musste Britta Steffen denken, als sie 2004 nach ihren Niederlagen bei Olympia den **Wettkampfschwimmanzug** an den Nagel hängte. Für immer!

Doch 2006 war sie plötzlich wieder da. Viermal Gold und eine Silbermedaille nahm sie von der EM in Budapest mit.

Neider sagen: Alles Doping! Britta Steffen sagt: Das Geheimnis ist, die **Angst** auf dem Startblock in Motivation zu verwandeln – und nicht auf das zu hören, was die anderen sagen.

In Peking konnte sie zeigen, ob ihr Geheimrezept funktioniert. Als Britta vor den entscheidenden Rennen auf dem Startblock stand, lästerte die gesamte Mannschaft über sie. Sie hatte soeben die Staffel abgesagt, um sich für ihre eigenen Rennen zu schonen. Trotz dieses Stresses erschwamm sie sich Gold auf 100 Meter **Freistil**. Damit errang sie seit 16 Jahren das erste Gold für die deutschen Schwimmer!

Zwei Tage später legte sie noch einen drauf: mit der zweiten Goldmedaille auf 50 Meter Freistil.

! Britta Steffen lässt sich seit einigen Jahren von einer Motivationstrainerin beraten.

☞ **Talentscouts**, wie zu Zeiten der DDR, gibt es auch heute.

☞ Wieso werden Weltrekorde heute nur noch in **Wettkampfschwimmanzügen** geschwommen?

☞ Was ist wohl schlimmer? Die Angst des Wettkampfschwimmers auf dem Startblock oder die **Angst des Torwarts beim Elfmeter**?

☞ Welcher Schwimmstil ist mit dem Begriff **Freistil** gemeint?

MATTHIAS STEINER – Gold für Deutschland

Für Deutschland war es ein Glück, dass der Superschwergewichtler Matthias Steiner sich mit seinem österreichischen Verband zerstritten hatte. Durch Heirat wurde Steiner deutscher Staatsbürger und gewann in Peking, jetzt für Deutschland, die erste **Goldmedaille** im Gewichtheben seit 16 Jahren. Die Bilder des weinenden Olympiasiegers, der ein Foto in die Kameras hielt, zeigten die **Fernsehübertragungen** tagelang. Nach Peking tourte Steiner von Talkshow zu Talkshow. Denn außer von seinem sportlichen Erfolg hatte Steiner noch eine ganz besondere Geschichte zu erzählen: die von seiner Frau, die eigentlich mit ihm zusammen zur Olympiade wollte, die aber durch einen Autounfall ums Leben gekommen war. Für sie hatte er die Goldmedaille gewonnen.
Auch noch lange nach Olympia war der 140-Kilo-Mann in vielen Talkshows und Spielshows zu sehen. Heute regelt eine Managementfirma seine Fernseh- und Werbeauftritte.

! Nach dem Ende ihrer Karriere bekommen Gewichtheber oft Gewichtsprobleme, weil sie die großen Portionen, die sie täglich zu sich nehmen, jetzt nicht mehr vollständig abarbeiten.

! 258 Kilo stemmte Matthias Steiner in Peking über seinen Kopf, so viel Gewicht wie 25 Wasserkästen mit Glasflaschen!

☞ Matthias Steiner brachte die olympische **Goldmedaille** Ruhm und Geld. Doch der Olympiasieg allein macht noch keinen Star …

☞ Mit **Fernsehübertragungen** lassen sich Millionen scheffeln.

SUPER-G – Superriesenslalom

Der Begriff »Super-G« kommt vom Englischen »Super Giant Slalom«, auf Deutsch »Superriesenslalom«. Es ist das zweitschnellste Skirennen nach der Abfahrt und wird wie dieses für den **Alpinen Ski-Weltcup** gewertet.
Während die Skifahrer bei der Abfahrt in der Hocke auf Tempo fahren, muss der Skifahrer beim Super-G, technisch anspruchsvoller, außerdem 35 Tore passieren beziehungsweise 30 beim Super-G der Damen.
Der Super-G ist noch relativ jung. Das erste Rennen fand 1982 statt.
Der erfolgreichste Super-G-Fahrer aller Zeiten ist der Österreicher Hermann Maier, der von 1997 bis 2008 insgesamt 24 Rennen gewann.

☞ Welche Rennen werden für den **Alpinen Ski-Weltcup** gewertet?

TALENTSCOUT – Auf der Suche nach jungen Talenten

Profivereine sind ständig auf der Suche nach neuen Talenten. Dazu beschäftigen sie eigene Talentscouts. Deren Arbeit für den Mannschaftssport besteht darin, Mannschaftsspiele anzusehen. Sie touren durch die Provinz zu den Spielen kleiner und kleinster Vereine und sehen sich auch noch die Ligaspiele der Jugendmannschaften an.

Den Bayern-Kicker **Bastian Schweinsteiger** zum Beispiel entdeckten die Talentscouts in der Jugendmannschaft des SV Rosenheim, eines kleinen Ortes an der österreichischen Grenze.
Aber auch im Ausland gehen Talentscouts auf die Suche nach außergewöhnlich guten Spielern. Je jünger, umso besser. In Lateinamerika gibt es mittlerweile einen regelrechten Handel mit talentierten Fußballern zwischen 10 und 17 Jahren, die an europäische Vereine verkauft werden.
Oft sind ehemalige Sportler als Talentscout tätig, wie der frühere Formel-1-Rennfahrer Michael Schumacher, der auf der Kartbahn nach Talenten für den Autorennsport sucht.
Übrigens dienen auch die **Bundesjugendspiele** dazu, sportliche Jungen und Mädchen für die **Leichtathletik** zu entdecken.

! Neuerdings werden Sporttalente immer häufiger durch kleine Filme entdeckt, die sie ins Internet stellen.

! Der deutsche Basketballer Dirk Nowitzki wurde mit 19 Jahren von einem amerikanischen Talentscout entdeckt und in die berühmte NBA abgeworben.

☞ Mehr über **Bastian Schweinsteiger** erfährst du auf S. 126.

☞ Wer hat eigentlich die **Bundesjugendspiele** erfunden?

☞ Welche Wettbewerbe gehören zur **Leichtathletik**?

TANZEN – Von Ballett bis Pogo

Tanzen ist wieder ziemlich angesagt. Vorbilder sind die Popstars, die in den Musikvideos zu ihrer eigenen Musik schwierige Schritte und Figuren zeigen. In Jugendzentren und an Tanzschulen kannst du die Choreografien der Stars lernen.

Sehr gelenkig musst du im **Ballett** sein. Hier findet viel Training ohne Musik statt, bis die Bewegungen perfekt aussehen. Erst kurz vor der Aufführung kommt die Musik hinzu.
Genau umgekehrt ist es beim **Breakdance**. Erst wenn der Gettoblaster wummert, gerät der Breakdancer in Bewegung. Trainieren kann man schließlich am besten mit Musik.
Eine Gegenbewegung zum Spitzentanz des Balletts ist der Modern Dance, ein Tanz mit viel Ausdruck, bei dem der Tänzer seine Bewegungsmöglichkeiten fast unbegrenzt ausnutzt. Auch Breakdance wird übrigens zum Modern Dance gezählt.
Dann gibt es da noch die Pogo-Tänzer, die erst bei ohrenzerfetzender Musik zu voller Form auflaufen. Zu Punk und Metal springen sie mit aller Kraft hoch und rempeln wild gegeneinander, am liebsten auf Live-Konzerten.

! Eiskunstlauf ist Tanzen auf Schlittschuhen.

☞ Wie trainieren eigentlich **Ballett**tänzerinnen?

☞ **Breakdance** ist der Tanz der farbigen Jugendbanden in New York.

TENNIS – Satzspiel

Die ersten Tennisspiele fanden in Klöstern statt. Die Mönche spannten ein Seil im Innenhof des Kreuzgangs und spielten einen kleinen Lederball über das Schrägdach ins gegnerische Feld, ähnlich wie im Squash. Dazu muss man wissen, dass eine Reihe von Mönchen Adelssprösslinge waren, die von ihren Eltern zum Klosterleben gezwungen worden waren.
Die Idee, Tennis zu spielen, griffen die Königshäuser auf. Überdies wa-

ren sie die Einzigen, die es sich leisten konnten, zu ihrem bloßen Vergnügen riesige, leere Hallen zu bauen. Tennis war also lange der Sport der Könige. Als man im 19. Jahrhundert Gummibälle erfand, die auch draußen auf Rasen springen konnten, fand das Tennis den Weg ins Freie und damit in eine breitere Öffentlichkeit.

Allerdings galt Tennis noch in den 1960ern als elitärer Sport. Tennis war teuer und in viele Tennisvereine wurde man nur auf Empfehlung mehrerer Mitglieder aufgenommen, ähnlich wie es heute noch in vielen **Golf**vereinen der Fall ist.

In den 1980ern lösten **Boris Becker** und **Steffi Graf** einen Tennisboom in Deutschland aus und machten Tennis zum beliebten Breitensport. Als bester Tennisspieler aller Zeiten gilt bei vielen Fachleuten der Schweizer Roger Federer. Er gewann 5 Grand-Slam-Turniere – eine Siegesserie, die vor ihm noch niemandem gelang. Viermal hintereinander beendete er das Tennisjahr als Weltranglistenerster, von 2004 bis 2007. Und er wurde viermal hintereinander, von 2005 bis 2008, zum »Wettsportler des Jahres« gewählt.

Neuerdings ist Tennis wegen vermuteter **Wettskandale** in die Schlagzeilen geraten.

- Das älteste und angesehenste Tennisturnier findet seit 1877 auf dem Rasen von Wimbledon statt.
- Die Zählweise 15, 30, 40 (eigentlich 45), 60 stammt aus der Zeit, als Tennis um Münzen mit dem entsprechenden Wert gespielt wurde.

- Was ist im **Golf** ein »Bunker«?
- Mehr über **Boris Becker** erfährst du auf S. 25.
- **Steffi Graf** war schon mit 13 Jahren Profisportlerin.
- **Wettskandale** gibt es leider in vielen Sportarten.

TISCHTENNIS – Sport der Chinesen

300 Millionen Chinesen spielen Tischtennis. Die chinesischen Spieler besetzen zurzeit Platz eins, zwei und drei der Weltrangliste. Und das hat einen guten Grund: Tischtennis ist nämlich eine ur-chinesische Sportart. Sie heißt dort »Ping Pang«. In China lernen schon 4-Jährige Tischtennis. Denn für diesen Sport braucht man nicht viel Platz – ein wichtiger Aspekt in den überfüllten Großstädten des Riesenreiches.
Kein Wunder, dass China bei der Olympiade in **Peking** den Kampf um Mannschaftsgold bestritt – nachdem es sämtliche Einzelmedaillen bei den Damen und bei den Herren bereits abgeräumt hatte. Endspielgegner der chinesischen Herren war Deutschland. Den Chinesen mussten sie sich zuletzt aber doch geschlagen geben und fuhren mit Mannschaftssilber nach Haus. Ihren Erfolg haben die Deutschen nicht zuletzt dem Linkshänder **Timo Boll** zu verdanken.

! Der längste Ballwechsel in der Geschichte des Tischtennis dauerte 8 Stunden und 33 Minuten.

! Eine Art Ur-Ping-Pang spielten die Chinesen schon im 17. Jahrhundert mit einer getrockneten Orange, die sie mit einem Holzschläger gegen die Wand schlugen.

☞ Wann fanden die Olympischen Spiele von **Peking** statt?

☞ Der Deutsche **Timo Boll** wird in China wie ein Star gefeiert.

TOUR DE FRANCE – Härtestes Radrennen der Welt

Seit 1903, dem Gründungsjahr, hält die Tour im Sommer ganz Frankreich in Atem. Bei diesem **Etappenrennen** fahren nur die Besten. Und ein Etappensieg bei der Tour gilt in Radlerkreisen als ganz besondere Auszeichnung. An 20 bis 23 Tagen bewältigen die Fahrer eine 3500 bis

4000 Kilometer lange Strecke auf dem Rad, angefeuert von zigtausend Zuschauern. Die letzte Etappe endet mit einer Rundfahrt auf den von Menschenmassen gesäumten Champs-Élysées in Paris.
Bei der allerersten Tour im Jahr 1903 war eine Etappe noch 400 Kilometer lang. Die Radler kamen damals erst nach Sonnenuntergang aus dem Sattel. Heute beschränkt sich die Strecke meist auf 200 Kilometer.
Und schon das zweite Tour-Jahr hätte beinahe das Aus für das Radrennen bedeutet. Denn das hohe Preisgeld kitzelte die schlechten Seiten der Radler heraus. Da wurden Radrahmen angesägt, Bremszüge zerschnitten, es fanden sich Nägel auf den Straßen und Juckpulver in den Trikots. Einige Radler ließen sich von Autos ziehen oder fuhren einen Teil der Strecke mit der Eisenbahn.
Doch die Tour fand jedes Jahr mehr Anhänger – trotz und wegen aller Skandale und Leiden von **Doping** über **Hungerast** bis **Besenwagen**. Und so ist es bis heute.
Rekordsieger ist der Amerikaner **Lance Armstrong**, der die Tour siebenmal hintereinander gewonnen hat.

☞ Was macht ein Wasserträger beim **Etappenrennen**?

☞ Mehr über **Doping** liest du auf S. 41.

☞ Was ist eigentlich ein **Hungerast**?

☞ Gibt es Schlimmeres, als ein Rennen im **Besenwagen** zu Ende zu fahren?

☞ Mehr über **Lance Armstrong** erfährst du auf S. 15.

TRENDSPORT – Alle machen mit

Eine kleine Gruppe kommt auf die Idee, andere lassen sich anstecken und plötzlich sind es ganz viele. Das ist der Anfang fast jeder Sportart, vom **Rugby** bis zum **Beachvolleyball**. Manche Trends setzen sich durch und werden irgendwann von den Sportvereinen aufgegriffen, andere Trendsportarten verschwinden schon bald auf Nimmerwiedersehen.

Richtig wichtig ist der Begriff »Trendsport« für die Sportindustrie. Für sie bedeutet ein neuer Trendsport nämlich, dass hier viel Geld zu verdienen ist, weil komplette neue Ausrüstungen entwickelt und verkauft werden können. Deswegen hat die Industrie ein großes Interesse daran, neue Sportarten als »Trend« zu bewerben und groß zu machen. So geschehen beim Sportklettern, wo die Sportindustrie die Einsteiger mit knallbunten Kletteranzügen, Kletterschuhen und einer Menge Seile und Haken versorgen konnte. So auch im **BMX-Sport**, wo den Radlern oft schon vor ihrer ersten Tour eine Komplettausrüstung vom Radlerdress über den farblich passenden Trendhelm bis zum hippen Schweißband angedreht wird.

Es gibt allerdings auch »Trendsportarten«, an denen sich die Werbewelt die Zähne ausbeißt, wie **Crossgolf** oder Skateboardfahren.

☞ Werden im **Rugby** eigentlich auch Fouls gepfiffen?

☞ Aus wie vielen Spielern besteht eine Mannschaft beim **Beachvolleyball**?

☞ Welche Wettbewerbe gibt es im **BMX-Sport**?

☞ Was ist **Crossgolf**?

TRIKOTWERBUNG – Sponsor gesucht

Mit Trikotwerbung verdienen große Vereine Millionen. Der FC Bayern zum Beispiel bekommt 20 Millionen dafür, dass der Sponsor seinen Schriftzug aufdrucken darf.

Begonnen hat alles 1973. Die Braunschweiger Eintracht hatte die Idee, die Spielertrikots mit dem Logo eines Kräuterlikörs zu bedrucken. Das gab damals immerhin fast 100 000 Mark für die Vereinskasse.

Heute michen schon die Kleinsten in dem Geschäft Trikotwerbung mit. Jede Jugendmannschaft trägt heute Werbeschriften auf dem Trikot, meist von einem Unternehmen aus dem Ort. Als Gegenleistung dafür zahlen die Sponsoren die Trikots für die ganze Mannschaft. Sie erhoffen sich durch die Trikotwerbung, dass ihr Unternehmen bekannter und beliebter wird.

Trikotwerbung ist nicht nur im Mannschaftssport, sondern auch in Einzelsportarten üblich, wie beim **Rennrodeln**, beim BMX-Sport und beim **Kitesurfen**, hier jedoch meist erst in höheren Leistungsklassen. Bei den **Olympischen Spielen** dagegen ist Trikotwerbung verboten.

Trikotwerbung kann für eine Firma auch zum Schlechten ausschlagen. So kennt den Namen Festina heute jeder im Zusammenhang mit dem größten Doping-Skandal in der Geschichte des Radsports. Kaum einer denkt dagegen an den Hersteller von hochwertigen Schweizer Uhren.

- Den großen Vereinen bringen die Trikots nicht nur als Werbefläche Geld ein, sondern auch durch den Trikot-Verkauf an ihre Fans.
- Der FC Barcelona ist der einzige Verein, der für die Trikot-Werbung kein Geld bekommt, sondern zahlt: 10 Millionen Euro an das Kinderhilfswerk UNICEF.
- ☞ Wer ist der erfolgreichste **Rennrodler** der Welt?
- ☞ Wie funktioniert eigentlich **Kitesurfen**?
- ☞ Wieso gab es bei den **Olympischen Spielen der Neuzeit** jahrzehntelang nur Amateure?

TURMSPRINGEN – Mutprobe

Stell dir vor, du befindest dich auf einem Betonvorsprung, so hoch wie das Dach eines dreistöckigen Mehrfamilienhauses. Unter dir 10 Meter freier Fall. Jetzt gehst du in den Handstand, um dich danach in mehreren Schrauben in die gähnende Tiefe fallen zu lassen.
Angst gehört beim Turmspringen dazu. Angst vor der Tiefe, Angst vor dem Publikum, Angst, sich beim Eintauchen oder schon beim Abspringen zu verletzen. Eine Angst, die bei **Klippenspringern** vielleicht noch größer ist. Gemein ist: Ein Sprung kann noch so erstaunlich und gut sein – wenn der Springer beim Aufkommen zu sehr spritzt, gibt es so viel Punktabzug, dass der Sieg nicht mehr möglich ist.
Die Springer müssen sehr konzentriert sein, um bei den **Schrauben** und Salti die Orientierung zu behalten und im richtigen Sekundenbruchteil die Drehung aufzumachen. Denn sonst gibt es einen Bauch- oder Rückenplatscher. Doppelt schwierig ist das beim Synchronspringen. Damit die Sprünge parallel sind, merken sich die Springer Einzelheiten, die beim Sprung durch ihr Blickfeld rasen, wie aufgehängte Fahnen oder eine Fensterecke. Sie sprechen genau ab, in welchem Sekundenbruchteil

sie die nächste Richtungsänderung beginnen, damit die Drehungen synchron sind.

❢ Der erfolgreichste deutsche Turmspringer ist Sascha Klein aus Aachen.

☞ Aus welchen Höhen lassen sich eigentlich **Klippenspringer** in die Tiefe fallen?

☞ Wohin dreht sich ein Turmspringer bei einer **Schraube**?

TURNEN – Pflichtfach

1820 wurde das Turnen in Preußen offiziell verboten. Erst 17 Jahre später war es an den Gymnasien wieder erlaubt. Jedoch hatte das Verbot von 1820 nicht in erster Linie sportliche Gründe. Es richtete sich gegen Turnvater **Jahn** und seine Anhänger.

1905 wurde das Turnen dann zum Pflichtfach in der Schule – zum Kummer aller Sportmuffel.

Turnen ist ein Überbegriff für eine ganze Reihe sportlicher Bewegungsformen. Im engeren Sinn bezeichnet es das Turnen *am* Gerät, außerdem das Turnen *mit* dem Gerät, also neben dem **Geräteturnen** die Gymnastik, dazu das Trampolinturnen.

Beim Geräteturnen gehen sehr kräftige Sportler und Sportlerinnen an den Start, wie **Fabian Hambüchen.** Gymnastikwettkämpfe gibt es in der rhythmischen Sportgymnastik. Hier treten die Frauen gegeneinander an. Gymnastikturnerinnen bewegen sich zur Musik. Wie die Geräteturnerinnen sind sie extrem gelenkig, sehr kräftig und meist sehr schlank.

Turnvater **Jahn** hatte bei seinen Turnnachmittagen auf der Hasenheide sehr viel Politik im Sinn.

An welchen Geräten treten **Geräteturner** und -turnerinnen an?

Wieso heißt **Fabian Hambüchen** eigentlich »Professor«?

ÜBERRASCHUNGSSIEG – Außenseiter schlägt Weltmeister

Fußballweltmeister Deutschland hatte bei der EM 1992 mit einem sicher nicht gerechnet: mit den Dänen. Denn die hatten sich für das Turnier gar nicht qualifiziert. Aufgestellt war eigentlich Jugoslawien. Doch auf dem Balkan herrschten zu der Zeit kriegerische Zustände, die später sogar zur Zersplitterung des Landes führten. Die UEFA entschied sich deswegen, Jugoslawien aus dem Wettbewerb zu nehmen. Dänemark rückte nach.

In aller Eile mussten jetzt die dänischen Nationalspieler zusammengetrommelt werden, die nach den Ligaspielen schon in den wohlverdienten Urlaub gefahren waren. Völlig unvorbereitet starteten die dänischen Kicker damit in die Endrunde gegen die sieben stärksten Mannschaften Europas.

Und das Wunder geschah: Der **Außenseiter** kämpfte sich bis ins Finale. Dort traf er auf Deutschland, den amtierenden Weltmeister! Doch auch diese Überraschung gelang. Mit 2:0 besiegten die Dänen Fußballweltmeister Deutschland. Dänemark stand kopf!

Welches Land hat bei der **Fußball-WM** am häufigsten den Titel gewonnen?

Mehr über berühmt gewordene **Außenseiter** erfährst du auf S. 17.

UEFA-POKAL – Oberes Mittelfeld

Franz Beckenbauer prägte für den UEFA-Pokal seinerzeit den Namen »Pokal der Verlierer«. Denn seit der Einführung der **Champions League** ist der Wert des UEFA-Pokals sehr geschrumpft. Einer der Gründe dafür ist, dass im Lauf der Zeit immer mehr starken Mannschaften der Weg zur Champions-League-Qualifikation geöffnet wurde. Für die UEFA-Cup-Spiele blieb so das obere Mittelfeld der Landesligen übrig.

Aus den großen **Fußball**-Nationen spielen heute nur noch die Viert- und Fünftplatzierten der Landesligen um den UEFA-Pokal mit, außerdem die Drittplatzierten, die die Qualifikationsrunde für die Champions League nicht geschafft haben. Darüber hinaus treten die Landesmeister der kleineren Fußballnationen an, wie Litauen und Slowenien, denen es nur selten gelingt, sich für die Champions League zu qualifizieren. Auch die Pokalsieger der Länder, also zum Beispiel der Sieger des DFB-Pokals, sind automatisch für den UEFA-Pokal qualifiziert.

Bei den Spielen um den UEFA-Pokal gibt es immer wieder interessante Begegnungen. So wurde der große FC Bayern 2008 im Halbfinale von Zenit St. Petersburg aus dem Wettbewerb gekickt.

- ! UEFA steht für »Union of European Football Associations« (= Vereinigung Europäischer Fußballverbände).
- ! Deutsche Vereine haben den UEFA-Pokal schon seit Jahren nicht mehr gewonnen.
- ! Deutscher Rekordmeister ist Borussia Mönchengladbach, die den Pokal immerhin zweimal mit nach Haus genommen hat.
- ! Der Wettbewerb um den UEFA-Pokal heißt seit 2009 UEFA Europa League.
- ☞ Welche Teams erreichen fast immer die **Champions League**?
- ☞ Im Mittelalter hatte **Fußball** große Ähnlichkeit mit einer Massenkeilerei.

JAN ULLRICH – Der ewige Zweite

Jan Ullrich ist vielleicht die tragischste Figur des Radsports. Nach seinem überraschenden **Tour-de-France**-Sieg 1997 wurde er in Frankreich als möglicher Nachfolger der großen Radsportlegenden gehandelt. Schließlich war er mit nur 23 Jahren einer der jüngsten Sieger in der Geschichte der Tour und hatte seine Karriere noch vor sich.

Jahr für Jahr fuhr nun die Radmannschaft Team Telekom für Ullrich, ihren neuen Kapitän. Doch zum Toursieg reichte es nie mehr. Zwar ging Ullrich immer wieder als Favorit ins Rennen. Aber andere waren eben immer schneller als er. 1998 war es der mittlerweile verstorbene Marco Pantani und seit 1999 Ullrichs größter Rivale, der unbezwingbare Texaner **Lance Armstrong.** Zwar wurde Ullrich zweimal zum Sportler des Jahres gewählt. 2003 bekam er gar die Fair-Play-Plakette des Sports verliehen, weil er einen Sturz seines Gegners Armstrong nicht ausgenutzt hatte, um einen uneinholbaren Vorsprung herauszufahren und sich so den Tour-Sieg zu sichern. Doch zum Sieg im härtesten Radrennen der Welt braucht es eben mehr als Nettsein.

Kurz vor der Tour 2006 kam das Aus für Jan Ullrich: Verdacht auf Blut**doping**. 2007 beendete Ullrich offiziell seine Karriere als Profiradsportler.

! Insgesamt fünfmal musste Ullrich sich mit dem zweiten Platz bei der Tour zufriedengeben.

☞ Wie viel Kilometer fahren die Radprofis bei der **Tour de France** pro Tag?

☞ Wie oft hat **Lance Armstrong** die Tour de France gewonnen?

☞ Medizinische Labors entwickeln ständig neue Ideen und Vorgehensweisen zum **Doping**.

VERDECKTES SPONSORING – Die Amateurlüge

Viele Sportler nennen sich Amateure, zum Beispiel in der Leichtathletik, im Judo und beim Bobrennen. Aber wirkliche Amateure gibt es im Spitzensport nur wenige.
Zwar bekommen die wenigsten Sportler in Deutschland hohe Gehälter von ihrem Verein oder satte Werbeverträge. Doch es gibt einen anderen Geldtopf, der ihnen das tägliche Training ermöglicht: die Sportfördergruppen bei Bundeswehr und Bundesgrenzschutz. Dort gibt es Sportabteilungen, in denen begabte Sportler trainiert und gefördert werden. Während die Kollegen mit Stahlhelm durch den Matsch robben, Gewehre putzen oder am Schreibtisch Telefondienst schieben, verbringen die Sportler der Truppe ihren Arbeitstag mit Training, Ausdauerläufen und Massagen.
Eine ganze Reihe von Sportarten wird bei Bund und Bundesgrenzschutz gefördert, vom **Beachvolleyball** übers **Tanzen**, Judo und natürlich die Leichathletik bis hin zu Eiskunstlauf, **Bob**fahren und Schießen.

☞ Mehr übers **Beachvolleyball** erfährst du auf S. 23.
☞ **Tanzen** ist Trend.
☞ Welche Erfolge haben die Bundeswehrangestellten André Lange und Sandra Kiriasis im **Bob** vorzuweisen?

VIERSCHANZENTOURNEE – Immer zur Weihnachtszeit

Zwischen Weihnachten und Dreikönige gibt es seit 1952 einen festen Termin im Sportkalender: die Vierschanzentournee. Viermal innerhalb einer Woche tritt die Weltelite der **Skispringer** auf vier Schanzen in Österreich und Deutschland gegeneinander an. Austragungsorte der Vierschanzentournee sind Oberstdorf, Garmisch-Partenkirchen, Innsbruck

und Bischofshofen. Dieser Skisprungwettkampf ist besonders hoch angesehen, weil sich die Springer hier in kurzer Reihenfolge auf ganz unterschiedliche Springbedingungen einstellen müssen.
Sämtliche vier Wettkämpfe der Tournee zu gewinnen ist bislang nur einem einzigen Springer gelungen: dem gebürtigen Sachsen Sven Hannawald. Bei der Tournee 2001/2002 trieb er mit vier Siegsprüngen hintereinander die Konkurrenz zur Verzweiflung. Ihm und dem immer noch aktiven Schwarzwälder Martin Schmitt ist es zu verdanken, dass seit einigen Jahren auch die jungen Zuschauer in Massen an die Schanzen strömen, um ihre Stars zu feiern.
Doch auch ein absoluter **Außenseiter** verschaffte der Tournee Aufmerksamkeit: der Brite Michael Edwards. Als schlechtester Skispringer aller Zeiten eroberte »Eddie the Eagle« 1987/1988 die Herzen der Zuschauer – und sicherte sich sogar die Teilnahme an den Olympischen Winterspielen in Calgary.

☞ Worauf kommt es beim **Skispringen** eigentlich an?
☞ So mancher **Außenseiter** wurde zum Fernsehstar.

VISUALISIEREN – Vorstellungskraft

Skirennläufer brauchen ein gutes Gedächtnis. Denn sie müssen sich die Wettkampfstrecke vorab genau einprägen. In Gedanken fahren sie die Strecke vor dem Start immer wieder ab. So lernen sie es, mit den Schwierigkeiten instinktiv zurechtzukommen. Denn im Rennen selbst, wenn es um Bruchteile von Sekunden geht, ist keine Zeit für Überraschungen. Dann müssen die Bewegungsabläufe sitzen. Diese Technik, sich den Wettkampf vorab in Gedanken genau vorzustellen, nennt man »Visualisieren«.

Auch in anderen Sportarten visualisieren Sportler vorab die Schwierigkeiten des Wettkampfes, wie beim **Skispringen** und beim **Turmspringen.**

☞ Mehr übers **Skispringen** erfährst du auf S. 133.

☞ Wieso verlieren **Turmspringer** eigentlich bei den Drehungen nicht völlig die Orientierung?

VOLTIGIEREN – Zirkusreif

Kannst du dir vorstellen, einen Handstand auf den Händen eines anderen zu machen? So eine Übung ist schon auf dem Boden hohe Akrobatik. Um wie viel mehr, wenn man sie auf dem Rücken eines galoppierenden Pferdes macht!

Das Voltigieren, das **Turnen** auf dem Rücken eines Pferdes, wird in vielen Reitschulen als Einstieg ins **Reiten** angeboten. Das Pferd läuft dabei an der Longe, einer langen Leine, im Kreis. Der Voltigierer sitzt ohne Sattel und Zaumzeug auf dem Pferd und muss nun versuchen freihändig zu reiten. Schon erste Übungen, wie das Kreisen mit den Armen, können einen da ganz schön aus dem Gleichgewicht bringen. Wie im **Ballett** ist Körperspannung das A und O.

Wer aufs gehende oder gar galoppierende Pferd aufspringen kann, gehört schon zu den fortgeschrittenen Voltigierern. Geübt wird übrigens nicht gleich am Pferd, sondern zunächst mit Hilfe eines fassartigen Holzpferdes.

Von hier bis zu den Pyramiden und Salti der Wettkampfgruppen ist es noch weit. Viel Arbeit mit dem Pferd, aber auch viel Gymnastik und Training am Holzpferd gehören zum Trainingsprogramm dazu.

Übrigens ist das Voltigieren keine Erfindung unserer Zeit. Solange der Mensch mit Pferden zusammenlebt, so lange gibt es Turnübungen auf

dem Pferderücken. Schon die Germanen haben Kunststücke wie Reiten im Stehen geübt. Das zeigt eine jahrtausendealte Felszeichnung in Skandinavien.

! Ein Voltigierpferd hat einen extralangen, -breiten und sehr starken Rücken, weil es mehrere Voltigierer gleichzeitig tragen muss.

! Beim Voltigieren müssen die Zehen nach unten gespannt werden, beim Reiten dagegen zeigen die Zehen nach oben und die Fersen nach unten.

☞ Warum war das **Turnen** 17 Jahre lang in Preußen verboten?

☞ Wissenswertes übers **Reiten** erfährst du auf S. 118.

☞ Manche Voltigierer nehmen **Ballett**stunden, um die schwierigen gymnastischen Übungen der höheren Klassen zu trainieren.

WADA – Weltantidopingagentur

Es war 1988 in Seoul, als die Olympischen Spiele ihre Unschuld verloren. Der gebürtige Jamaikaner Ben Johnson, der für Kanada antrat, lief die 100 Meter in 9,79 Sekunden. Die Konkurrenz musste sich um Längen geschlagen geben. Der Zweite, Carl Lewis, kam erst zwölf Hundertstel Sekunden nach Johnson ins Ziel. Das sind im **Hundertmeterlauf** Welten. Dann das böse Erwachen: Bei Johnson wurden Anabolika nachgewiesen. Der Weltrekord und die olympische Medaille wurden umgehend aberkannt. Carl Lewis bekam an Johnsons Stelle die Goldmedaille verliehen.

Dieser erste große Dopingskandal in der Geschichte von Olympia hat ein Umdenken bei den Funktionären bewirkt und zur Gründung der Weltantidopingagentur geführt. Heute sind Dopingkontrollen fester Bestandteil der olympischen Wettkämpfe, auch bei den **Paralympics.**

Zu den Untersuchungen, die die WADA durchführt, gehören Urintests, Bluttests und andere medizinische Tests. Sieben Tage in der Woche müssen sich die Sportler für unangemeldete Kontrollen zur Verfügung halten. Und sie müssen die WADA über wechselnde Aufenthaltsorte informieren. Kritiker beschweren sich über diese Rundumüberwachung der Sportler.

! Hätte Ben Johnsons Weltrekord Bestand gehabt, wäre er erst 11 Jahre später eingestellt worden. 1999 sprintete der Amerikaner Maurice Green die 100 Meter in 9,79 Sekunden – die legendäre Weltrekordzeit von Ben Johnson.

! Der Streit zwischen Ben Johnson und Carl Lewis um die Goldmedaille von Seoul dauert bis heute an.

☞ Wer ist der schnellste Mann und wer die schnellste Frau im **Hundertmeterlauf**?

☞ Wissenswertes über die **Paralympics** erfährst du auf S. 112.

WEITSPRUNG – Spitzenweiten

Wer Sprünge über 8,20 Meter schafft, gehört im Weitsprung zu den ganz Großen. Mit dieser Weite ist einem Springer bei Olympia eine Medaille sicher. In den letzten Jahren hatten Europäer, was Medaillen im internationalen Weitsprungwettkampf angeht, nicht viel zu melden. Bis 2009. Bei den Halleneuropameisterschaften in Turin trumpfte der 22-jährige Sebastian Bayer mit 8,71 Meter auf. Eine Sensation! Denn er überbot den bisherigen europäischen Hallenrekord um ganze 15 Zentimeter. Das sind im Weitsprung Welten! Dabei hat der 22-Jährige seine Karriere noch vor sich.

Der **Weltrekord** im Weitsprung liegt seit 1991 bei 8,95 Metern, aufgestellt von dem farbigen US-Amerikaner Mike Powell. Er brach mit seinem Sprung einen Weltrekord, der zuvor 23 Jahre Bestand hatte, den des farbigen US-Amerikaners **Bob Beamon.**

Auch der Frauenweltrekord ist schon lange, seit 1988, unerreicht. Er liegt bei 7,52 Metern und wird von der Russin Galina Tschistjakowa gehalten. Vor ihr schaffte es die DDR-Sportlerin Heike Drechsler 1985 zum Weltrekord mit 7,44 Metern und im Folgejahr mit 7,45 Metern.

! Spitzenweitspringer sind oft gute Hundertmetersprinter, denn im Weitsprung kommt es auf die Sprintstärke an.

☞ Mehr über **Weltrekorde** erfährst du im nächsten Artikel.

☞ **Bob Beamons** Weltrekord von 1968 gilt bis heute als Sensation.

WELTREKORDE – Unüberbietbar

Manche Funktionäre fordern, sämtliche Weltrekorde bis zum Jahr 2000 zu löschen. Denn viele von ihnen entstanden in der Blütezeit des unkontrollierten **Dopings**.

Es gibt etliche Weltrekorde, die einfach nicht zu knacken sind. Viele sind in den 1970er- und 1980er-Jahren entstanden, in einer Zeit, als die wichtigsten Dopingmittel noch nicht nachgewiesen werden konnten. Anabolika zum Beispiel, die dem Muskelaufbau dienen, können erst seit 1976 nachgewiesen werden. Pech für die Konkurrenz: Denn die durch Doping entstandenen Weltrekorde blieben uneinholbar. Gerade bei den Frauen, die besonders gut auf muskelaufbauende Dopingmittel ansprechen, gibt es aus den 1980er-Jahren eine Reihe von fantastischen, langjährigen **Leichtathletik**-Rekorden.

Natürlich gibt es auch Weltrekorde, die ohne verbotene Hilfsmittel entstanden sind und die lange nicht gebrochen werden konnten. Wie der Weitsprung-Weltrekord von 8,90 Metern, den der Amerikaner **Bob Beamon** 1968 in Mexiko aufstellte. Er hielt ganze 23 Jahre und konnte erst 1991 durch Mike Powell gebrochen werden, der 8,95 Meter sprang.

Ein grandioser Weltrekord führte übrigens zur Gründung der Weltantidopingagentur **WADA**.

- Mehr über **Doping** erfährst du auf S. 41.
- Wie viele **Leichtathletik**-Disziplinen gibt es eigentlich?
- Bis heute versteht keiner, wie der Jahrhundertsprung von **Bob Beamon** eigentlich zu Stande kam.
- Welcher Weltrekord führte zur Gründung der **WADA**?

WETTKAMPFSCHWIMMANZUG – Auftrieb

Die Technik hat heutzutage auch im **Schwimmen** Einzug gehalten. Wurde früher im Baumwollbadeanzug geschwommen, so gehen die Wettkämpfer heute mit Ganzkörperanzügen aus Neopren ins Wasser, die ihnen Auftrieb verleihen. Wer sich's leisten kann, zieht gleich drei dieser teuren Neoprenanzüge übereinander an. Heutige Wettkampfschwimmanzüge sind knalleng, die Nähte sind mit Ultraschall verschweißt: Ein eingenähtes Gummikorsett zwingt den Schwimmer in die stromlinienförmigste Körperhaltung. Druckbänder entlang bestimmter **Muskeln** sollen dafür sorgen, dass sich die Blutzirkulation verbessert und die Muskeln nicht so schnell ermüden.

☞ Wissenswertes übers **Schwimmen** liest du auf S. 127.

☞ Was ist wohl der Nachteil von dicken **Muskeln**?

WETTSKANDAL – Mit Sport Geld scheffeln

Am meisten Geld gibt es, wenn man auf einen Sieg setzt, auf den sonst keiner gewettet hat. Du ahnst schon, welche Siege das sind: die unwahrscheinlichen Siege von **Außenseitern.**

Woher weiß ich aber vorher, dass es sich lohnt, eine riesige Summe auf einen Außenseiter zu setzen, um sie so zu vervielfachen? Richtig! Wenn du deine Million nicht verlieren willst, wirst du vorher dafür sorgen, dass dein Außenseiter sicher gewinnt.

Dazu gibt es, je nach Sportart, verschiedene Möglichkeiten. Im Fußball könntest du zum Beispiel dem Schiedsrichter eine große Summe anbieten, damit er gegen den Favoriten pfeift – **Schiedsrichterbestechung** also. Im Trabrennen könntest du den Favoriten im Vorlauf so langsam laufen lassen, dass keiner auf ihn setzt. Zusammen mit einer Bestechung des möglichen Zweit- und Drittplatzierten kannst du dann im Endlauf dafür sorgen, dass dein Außenseiter gegen alle Erwartungen gewinnt. Und im **Tennis** könntest du den Favoriten bestechen, damit er die »Big Points«, die entscheidenden Bälle, nicht verwandelt. Im Tennis ist Wettmanipulation besonders leicht. Denn da reicht es aus, einen einzigen

Spieler zu bestechen. Und wenn der gerade Schulden hat, weil er vielleicht viel Geld bei Sportwetten verloren hat, wird er dein Angebot auch annehmen.
Alle diese Fälle und noch viele mehr kommen im Sport wirklich vor. Leider.

- Wettbetrug wird meist von kriminellen Banden organisiert.
- Manchmal zahlt es sich aus, **Außenseiter** zu sein.
- Mehrere Tausend Euro verdiente Robert Hoyzer wegen **Schiedsrichterbestechung**.
- Wusstest du, dass die ersten **Tennis**spiele im Klosterhof stattfanden?

WINDSURFEN – Eine Frage des Gleichgewichts

Wenn du es erst einmal auf das wackelige Brett hinauf geschafft hast, musst du nur noch das Segel aus dem Wasser ziehen. Du bückst dich nach der Leine und ziehst den Mast zu dir. Aber Achtung! Das erste kleine Lüftchen, das übers Wasser geht, befördert dich samt dem Segel auf der anderen Seite wieder vom Brett. Am Anfang hat Windsurfen mehr mit **Schwimmen** und **Klettern** als mit Segeln zu tun.
Wenn du jedoch erst mal oben bleibst und ein lindes Lüftchen dich immer schneller übers Wasser treibt, fängt die Sache an, richtig Spaß zu machen.
Weil Windsurfen nicht ganz einfach ist, empfiehlt es sich, einen Anfängerkurs zu belegen. Schon nach drei Stunden bleibst du bei gutem Wetter und lauem Wind auf dem Brett. Bis zu den rasenden Fahrten bei hohen Windgeschwindigkeiten oder gar den Sprüngen bei Wellengang ist es aber noch ein weiter Weg, der viel Übung erfordert.

Die erfolgreichsten Windsurfer, der Hawaiianer Robby Naish und der 36-fache Weltmeister Björn Dunkerbeck, sind in der Nähe des Strandes aufgewachsen und konnten täglich aufs Surfbrett.

! Die schnellsten Windsurfer erreichen bei idealen Bedingungen im Sturm Spitzengeschwindigkeiten von 80 Stundenkilometern.

! Anfänger beginnen am besten mit größeren, kippsichereren Brettern.

☞ Mehr übers **Schwimmen** erfährst du auf S. 127.

☞ Was ist der Trick beim **Klettern**?

EWA WISNIERSKA – Lebensgefährlicher Höhenflug

Immer wieder enden **Gleitschirmflüge** selbst für gute Wettkampfflieger tödlich. Denn ein Missgeschick kann schlimme Folgen haben. Klappt zum Beispiel der Gleitschirm zusammen, muss der Flieger das Problem, so schnell es geht, selbst beheben, sonst stürzt er wie ein Stein auf die Erde herab. Eine weitere Gefahr sind Gewitterwolken, die den Flieger in riesige Höhen hochsaugen können.
So erging es 2007 der erfolgreichen Gleitschirmpilotin Ewa Wisnierska, die für die deutsche Nationalmannschaft startete. Bei einem Trainingsflug in Australien kam sie einer Gewitterwolke zu nahe und wurde bis auf 9100 Meter hochgesaugt. In dieser Höhe gibt es, wie auf einem **Achttausender**-Gipfel, kaum Sauerstoff. Die Temperaturen sinken bis auf minus 50 Grad Celsius. Hilflos wie ein Blatt im Wind hing Wisnierska in ihrem Gleitschirm. Sie war ständig in Gefahr, von Blitzen getroffen zu werden, und wurde schließlich ohnmächtig. Als sie wieder zu Bewusstsein kam, schwebte sie in 6900 Metern Höhe. Es dauerte noch eine ganze Weile, bis es ihr endlich gelang, wieder auf die Erde »herabzuspiralen«. Mit Erfrierungen an den Ohren kam sie auf der sicheren Erde an. Sie hatte noch mal Glück gehabt.
Einen chinesischen Wettkampfkollegen dagegen hatte das Unwetter das Leben gekostet.

☞ Wie funktioniert eigentlich das **Gleitschirmfliegen**?
☞ Wie fühlt man sich auf einem **Achttausender**?

YAMSWURZEL – Wundermittel

Die Yamswurzel wächst in Südamerika, Afrika und der Karibik. In diesen Ländern ist die bis zu 2 Meter lange Wurzel ein Grundnahrungsmit-

tel wie bei uns die Kartoffel. Die mittelamerikanischen Indianer benutzten Yams als Medikament für typische Frauenbeschwerden.
Neuerdings ist die Yamswurzel weltweit zu Berühmtheit gelangt, weil der Vater des Laufwunders **Usain Bolt** angibt, dass der Verzehr dieser Wurzel zu den sensationellen Sprinterfolgen seines Sohnes bei Olympia in **Peking** geführt hätte. Bei uns gibt es die Yamswurzel in Form von Pillen oder Pulver zu kaufen.

! Ein natürliches Dopingmittel, das schon bei den Olympischen Spielen der Antike eingesetzt wurde, ist Ochsenblut.

☞ **Usain Bolts** Leistungen bringen die Fachwelt zum Staunen.

☞ Was schätzt du: Wie viele Weltrekorde wurden bei den Olympischen Spielen in **Peking** gebrochen?

ZEHNKAMPF – Könige der Leichtathletik

Zwar liegen die Ergebnisse der einzelnen Sportarten, in denen die Zehnkämpfer antreten, deutlich hinter den geltenden Weltrekorden. So lief der Olympiasieger Bryan Clay in Peking den Hundertmetersprint fast 6 Zehntelsekunden langsamer als der Olympiasieger im Sprint, Usain Bolt. Trotzdem gelten die Zehnkämpfer als Könige der **Leichtathletik**. Denn sie sind Allround-Talente und müssen sowohl im Lauf als auch im Sprung und im Werfen sehr gute Ergebnisse erzielen, und das an zwei aufeinanderfolgenden Tagen mit einer dichten Abfolge anstrengender Wettbewerbe. Dabei dauert so ein Wettkampftag gerne mal zehn Stunden. Und sollte der Sportler in einer Disziplin versagen oder sich zum Beispiel eine **Muskel**zerrung holen, muss er die Enttäuschung runterschlucken und in der nächsten Disziplin trotzdem wieder sein Bestes geben.

Die Zehnkämpfer treten am ersten Tag an im Hundertmetersprint, im **Weitsprung**, Kugelstoßen, Hochsprung und Vierhundertmeterlauf. Am zweiten Wettkampftag folgen 110 Meter Hürdenlauf, Diskuswerfen, Stabhochsprung, Speerwerfen und 1500-Meter-Lauf.
Die Frauen treten im **Siebenkampf** gegeneinander an.
In den 1980er-Jahren wurde die internationale Wettkampfszene vom Duell zwischen dem farbigen Schotten Daley Thompson und dem Krefelder Jürgen Hingsen beherrscht. Hingsen schaffte zwar immer wieder Weltrekorde. Doch bei WM und Olympia blieb er hinter Thompson der ewige Zweite.

☞ Wer hat die **Leichtathletik** zum Schulsport gemacht?
☞ Wie kannst du am besten **Muskeln** aufbauen?
☞ Wie viel Meter sind im **Weitsprung** Weltklasse?
☞ Welche Disziplinen gehören zum **Siebenkampf**?

Ilona Einwohlt
Das Labyrinth des Wissens
Technik und Erfindungen
CARLSEN